하나님과 함께한 영적 여행기

네가 가라 네가 해라

김록이 지음

쿰란출판사

소중한 당신의 삶에

이 책이 특별한 만남이 되길 소망하며

존경과 감사를 담아 드립니다.

_____ 님께

_____ 드림

추천사

김록이 박사님,
하나님 은총 넘치시리이다.
이번에 박사님은 놀랄 만한 책을 내셨습니다.

1890년대 초 한국의 기독교 신문 전면 첫 장에
태산 같은 기관차에 연기가 화산 불길처럼 솟고
피스톤에서 수증기가 솟구치며 왕창 달려가는
그런 힘찬 태간 같은 그림이 있었는데
그것이 김 박사님의 '돌파'의 상징이었습니다.
대단하십니다.
이제야 그 그림의 참 뜻이 전파되게 되었습니다.
이 책을 통해 많은 이들이 '돌파의 영성'을 깨닫게 되길 바랍니다.

Initium Sapientiae Timor Domini(하나님을 경외함이 지혜의 근본이다).

2023년 8월
민경배 박사
전 백석대학교 석좌교수

 **추천사**

  본서를 저술한 김록이 목사님은 드보라 여(女)사사같이 철저한 신앙으로 무장한 목회자요, 깊은 말씀 탐구와 항상 부르짖는 기도 속에서 성령의 뜨거운 임재의 불을 체험한 복음적인 능력의 사역자이며 여성 지도자입니다.

  이 책을 읽는 자들에게는 지치고 무능한 데서 하나님의 능하신 손 아래 이끌림을 받아 광야의 험한 인생길을 능히 돌파하게 되며 주님의 사명자(使命者)로서 크게 승리하는 역사가 나타나게 되리라 확신합니다.

2023년 8월

피종진 목사

재미재단법인 한국기독교부흥사단체총연합 대표총재

추천사

    성역 30년사를 담은 이 책은 기록을 위한 기록이 아니라, 진리를 좇는 삶에서 배어나는 생명의 흔적입니다. 간증이기 때문입니다.

    주님께서 베푸신 은총이, 주님께서 주신 깨달음이, 주님을 향한 회개가, 주님의 사랑 때문에 사랑할 수밖에 없는 사람을 향한 마음이 오롯이 배어있습니다.

    삶의 기록이 뒷받침되어야 문자의 기록 역시 생명을 지닐 수 있는데, 이 책이 그 증거입니다.

    치유와 회복이 필요한 분들에게 일독을 권합니다.

2023년 8월

이철 목사

기독교대한감리회 감독회장

추천사

　김록이 목사님! 거룩한 목회자로 세움을 받고 세계 열방을 향해 회복의 메시지를 증거하며 수많은 영혼을 주 은혜로 강건하게 회복시키시고, 성령의 권능으로 치유와 건강을 회복시키시는 특별한 사역을 하루도 쉴 새 없이 열정을 다하시는 목사님의 사역에 진심 어린 격려의 박수를 보냅니다. 이처럼 힘든 가운데서도 하나님 주신 특별한 체험들을 엮어 책으로 발간하심을 보며 "정말 대단하시다"는 말밖에는 다른 말이 없습니다.

　《네가 가라, 네가 해라》 제목만으로도 가히 짐작이 되는 목사님의 특별한 삶의 궤적입니다. '토기장이 하나님 나를 새롭게 빚으시다. 나는 무익한 자, 쓰레기 같은 영혼 주의 손에 붙들리다. 광야를 지나다. 네가 가라' 등등.

　목사님께서 주의 손에 붙들리기까지 살아온 고난과 핍박, 절대 평탄하지 않았던 삶, 무익한 존재가 하나님의 손에 붙들려 새로운 토기로 빚어지기까지, 그리고 사역을 위해 겪은 수많은 영적 체험과 고난의 간증들은 결코 순탄한 길이 아니었습니다. 모든 목회자들이 다 그러하지만 목사님도 넓고 큰 길을 가기보다 가시밭길을 택하셨던 것입니다. 그러나 그러한 순간마다 하나님께서 역사하시고 도우시는 손길을 날마다 체험하셨고, 목사님의 특별한 고난의 사역 여정은 하나님께서 만드시고 이끄신 여정이었음을 이 책을 통해 간증하고 있습니다. 이런 점에서 성도들과 사역자들에게 특별히 이 책을 추천합니다.

　아울러 김록이 목사님의 특별한 사역과 삶이 《네가 가라, 네가 해라》 한 권의 책으로 세상에 빛을 보게 된 것을 진심으로 축하드리며 부디 베스트셀러가 되기를 바랍니다. 다시 한번 축하드리며 이 책을 추천합니다.

2023년 8월

이주훈 목사

대한예수교장로회 백석총회 증경총회장

추천사

　예수님께서 우리(나)를 위하여 이 땅에 오셔서 평범하게 사시다가 십자가를 통해 구원하여 주셨더라도 황송하고 감사할 일이다. 그러나 우리를 구원하시려고 우리와 같이 고난을 당하셨다.

　예수님은 진정 완전한 하나님이시며 사람이다. 사람으로 사시는 동안 인간이 받는 고난 중에 가장 힘든 고난을 받으심으로 우리를 구원하셨다. 그리고 우리가 고난 중에 있을 때 제삼자의 입장에서 "그럴 수 있겠다" 하지 않으시고, 경험자의 입장에서 "그래, 그렇게 힘들지. 나도 그런 고난을 경험하였다" 하시며 우리의 기도를 들으시고 응답해 주신다. 우리도 "예수님, 아시지요" 하면서 친근하게 기도할 수 있다.

　하나님께서 사랑하시고, 많은 성도들과 사랑을 주고받는 김록이 목사는 민주화와 경제 번영을 하나님의 선물로 받은 대한민국의 유복한 가정에서 6남매 중 외동딸로 태어나 아무런 고난을 겪지 않고 자랐다. 그러나 20세에 결혼한 후 남편과 시집으로부터 인간 이하의 대접을 받으며 학대와 궁핍 가운데 살게 되었고, 고난 중에 복음을 받아들여 신학을 공부하며 하나님의 손에 이끌린 주의 종이 되었다. 이후에도 김록이 목사 주변을 떠나지 않는 고난을 계속 이겨내며 쌓인 '돌파 영성'으로 사역을 감당하면서, 한국 교회에서 섬김으로 겸손히 자기 위치를 지키고 있다.

특별히 감사할 점은 김록이 목사는 기도하는 목사이자 말씀을 깊이 연구한 목사라는 것이다. 그는 평소 기도에 힘써 영성이 충만함에도 지성(말씀)이 결여되면 삶의 균형을 유지할 수 없음을 알고 있었다. 기독대학교에서 상담학 박사 학위와 백석대학교 기독교전문대학원에서 신학 박사 학위를 받은 후 백석총회로 소속 교단을 옮겨 '백석 예수 생명의 공동체'의 지체가 되었는데, 영성과 지성을 통해 후학들을 지도할 수 있는 참으로 귀한 일꾼이다.

하나님의 주권적 섭리와 역사하심은 섬세하고도 원대하다. 앞으로 김록이 목사는 교회와 기도원과 연구소에서 성도와 제자들에게 우리 예수님처럼 오래도록 겪은 고난과 축복의 역사를 경험자의 입장에서 말로 가르치고 행동으로 보여줄 것이다. 이를 통해 "고난당하는 것이 내게 유익이라"(시 119:71)는 말씀을 제자들이 실감하고 받아들여서, 그들도 김록이 목사처럼 하나님께 귀히 쓰임받게 될 것을 믿음으로 바라본다.

또한 김록이 목사를 오늘에 이르게 하신 하나님께서 다음 세대를 이어갈 성도와 주의 종들을 동일한 은혜로 양육하시어 구속의 역사를 이어 가게 하실 것을 확신한다. 이 책을 읽는 모든 성도와

주의 종들에게도 김록이 목사를 불러 양육하사 쓰시는 역사가 재현되어 영성과 지성을 갖추고 사명을 잘 감당하는 이들이 한국 교회에 넘치게 되기를 주의 이름으로 축복한다.

2023년 8월
박요일 목사
대한예수교장로회 백석총회 유지재단 이사장

추천사

질그릇에 대해 말씀하시는 하나님은 어쩐지 무정합니다. 토기장이 비유가 담긴 성경 구절을 읽다 누구나 한 번쯤 그런 마음이 든 경험이 있을 줄 생각됩니다. 그러나 토기장이의 손에서 터져 자기 의견에 좋은 대로 다른 그릇을 만드신다(렘 18:4)는 말씀을 붙들 때 우리에게 새 소망이 생깁니다. 《네가 가라, 네가 해라》에 담긴 김록이 목사의 삶 속에 하나님께서 부어주시는 희망이 샘물처럼 솟아남을 느낍니다.

이끄심을 따라가는 김록이 목사의 여정은 지금 청년들의 부모 세대의 신앙 이야기이기도 합니다. 눈앞에 닥친 가난, 질병과 같은 현실적인 어려움 가운데 가만히 찾아오셔서 문을 두드리시는 예수님을 맞이하자 크게 부어주시는 은혜와 함께 굴곡진 동행이 시작됩니다. 그러나 모든 여정 가운데 강하게 손 붙드시는 하나님이 계시니 그는 넘어지지 않습니다. 더 나아가 주신 사명과 부르심에 응하며 힘 있게 나아갑니다. 그는 이미 능력 있게 하시는 하나님께 고난 지나가는 법을 배웠기 때문입니다. 시련의 풀무 불을 거친 그 모습은 순금과 같은 자녀의 모습입니다.

시련의 길은 쉽지 않았습니다. 거짓 속임과 소문, 드러나지 않는 영적 전쟁뿐 아니라 사소한 말실수까지 하나님이 자녀를 세우시는 과정은 다난합니다. 말씀과 같이 대적 마귀가 우는 사자같이 두루 다니며 삼킬 자를 찾으니(벧전 5:8) 저자는 깨어 근신하고 또 근신합니다.

신앙의 기초가 되는 기도 사역을 시작으로 성전 곧 교회를 세우는 사명을 감당하기까지 김록이 목사는 모든 영역에 연단을 받고 더욱 굳은 반석이 됩니다. 이웃을 사랑하는 법, 거절에 대처하는 법, 재정을 다루는 법, 시대와 함께 가는 법 등 그의 삶을 따라가다 보면 고난 중에 주시는 하나님의 지혜를 엿볼 수 있을 것입니다.

우리를 세상에 보내실 때 하나님은 자녀를 홀로 있게 하지 않으셨습니다. 《네가 가라, 네가 해라》는 하나님 사랑하심의 또 하나의 증거입니다. 이 책을 읽는 독자들이 폭풍 가운데 잠잠하게 하시며 삶에 찾아와 세밀히 만지시는 그분의 손길을 느끼시게 되길 바랍니다.

2023년 8월
김원철 목사
오산리최자실기념금식기도원 원장

추천사

　우리가 살고 있는 지구촌에는 수많은 교회가 있고 목회자와 사역자들이 있고 성도들이 있지만, 시간의 흐름에 따라 기독교의 신앙이 점점 세속화되고 나약해지면서 변질되기 시작하여 세상에서 지탄의 대상이 되고 있다.

　지금의 시대는 자유주의의 출현과 확장으로, 위대하신 하나님의 존재와 기록된 성경말씀을 폄하시키고 변질시켜서 말씀의 권위와 능력을 부인하는 모습을 보곤 한다. 더 나아가 종교다원주의의 출현으로 유일신 하나님과 유일하신 구원자 예수님은 간 곳이 없고 다양한 종교와 이념과 철학사상이 그 자리를 메우고 있다.

　영적인 눈을 뜨고 볼 때 이런 상황이 계속된다면 창조주 하나님과 구원자 예수님과 절대 진리인 성경이 사라질 위기에 처할 것이다. 하나님은 아합 왕과 이세벨 왕후가 이스라엘을 통치할 때 선지자 엘리야를 세우셨고 바알에게 무릎을 꿇지 아니한 7천 명의 용사를 남겨두셨다고 말씀하셨다.

　나는 이 책을 쓴 김록이 목사님을 오산리기도원 김원철 원장님의 소개로 알게 되었고 유튜브를 통해서 저자의 일생과 사역을 알게 되었다. 수십 년의 긴 세월 동안 하나님은 저자를 깊이 연단하시고 훈련하셔서 하나님의 종으로 세우셨고, 백석대학교에서 신학 박사 학위를 받아 깊이 있는 말씀으로 사역자들과 평신도들을 깨우고 선한 영향력의 지평을 넓혀가고 있다. 지금의 시대 상황은 영적으로 깨우치고 깨어나야 할 때이다.

 나약해지고 무너져 가고 있는 교회와 성도들을 끌어안고 영적으로 더 많이 울고 더 많이 일으켜 세우는 일에 이 간증집이 귀하게 쓰임받기를 원하며 이에 이 책을 추천한다.

2023년 8월

강창훈 목사

동아교회 담임,

미국 리폼드신학교 목회학 박사,

천일작정기도회 운동본부 대표

추천사

　유튜브 방송과 오산리기도원 집회를 통하여 한국교회에 새로운 바람을 일으키며 수많은 목회자와 평신도 지도자들에 새로운 활력소를 불어넣으시는 김록이 목사님께서 바쁜 사역 중에도 한국교회를 위하여 또다시 눈물과 삶으로 써 내려간 《네가 가라, 네가 해라》는 많은 독자들과 한국교회 지도자들에게 새로운 활력소를 제공하는 저서입니다. 특히나 환경과 여건 앞에 좌절하는 젊은이들에게도 소망의 메시지가 됩니다.

　빈들에서 먹을 것이 없는 그들이 서로 눈치 볼 때에 예수님은 친히 말씀하시길 '갈 것 없다 너희가 먹을 것을 주라'고 명하십니다(마 14:16). 그 복된 사역을 네가 하라는 것이지요.

　이 책을 한국교회 젊은 지도자들에게도 감동과 힘과 잔잔한 위로가 될 줄 믿습니다. 샬롬.

2023년 8월
임인기 목사
새서울노회 노회장

추천사

김록이 목사의 말씀에는 동력(動力)이 있습니다.
운동력이 있습니다. 영적인 힘이 있습니다.
이 영적인 힘의 원천은
예수 그리스도와 동행하는 삶에서 비롯됩니다.
예수의 영, 예수의 피, 예수의 이름과 함께하는 사람
그분이 김록이 목사이십니다.

한 사람의 삶을 통해, 토기장이이신 하나님이
어떻게 당신의 "허락하심"과 "계획하심"과
"사용하심"을 이루어 나가는가?
《네가 가라, 네가 해라》를 통해 만나 보시기 바랍니다.

젊은 청년분들은, 김록이 목사님의 삶의 고백을 통해,
내가 지금 통과하고 있는 문제와 처지와 환경을
가늠해 보시기 바랍니다.

부모 세대의 분들에게는 아직도 나를 향하신 주님의 계획이
남아있음과 그 사용하심에 대해 성령님의 음성을 듣는 시간이

될 것입니다.

《네가 가라, 네가 해라》는 순명의 책입니다.
순명은 주님의 말씀에 복종한다는 군대적 용어입니다.
그래서 순종과 순명은 어감이 다릅니다.

모두가 마지막 때라는 말들을 합니다.
김록이 목사의 간증서 《네가 가라, 네가 해라》를 통해
주님의 음성 앞에 순명하는
용사의 영, 군대의 영이 회복될 것입니다.

살아계신 예수의 호흡, 그 숨소리가 이 책 안에 담겨 있습니다.
예수 보혈의 피, 뚝뚝뚝 떨어지는, 예수의 핏방울로 호흡하십시오.
온유하시고 지극히 겸손하신 주님을 만나십시오.

2023년 8월

윤학렬 감독

㈜하세

 추천사

    이 책은 주님께 택함받은 한 여성 사역자의 파란만장한 삶의 여정 속에서, 불신자였던 그를 불러서 수많은 핍박과 고초와 연단을 통과하게 하시고, 마침내 그 가운데서 정금같이 빚어내어 동역자로 사용하시는 하나님의 오묘한 섭리와 깊은 은혜의 사랑을 보여주고 있다.

    김록이 목사는 세상 말로 '산전, 수전, 공중전'을 다 겪은 현장 사역자라고 할 수 있다. 이 모든 영성은 김 목사의 사역 가운데 '돌파하는 영성'으로 나타나고 있다. 그가 고통 속에 부르짖으면서 돌파하고 승리했던 기도의 체험과 능력은 지금 핍박과 고난과 연단 속에서 영적 전쟁 가운데 있는 많은 성도들을 돌파와 승리의 삶으로 인도하고 있다.

    성도들에게 큰 감동과 특별한 영적 유익을 주는 이 책을 꼭 읽어 볼 것을 권한다.

2023년 8월
이용희 교수
가천대 교수, 에스더기도운동 대표, 바른교육교수연합 대표

프롤로그

"여호와께로부터 예레미야에게 임한 말씀에 이르시되 너는 일어나 토기장이의 집으로 내려가라 내가 거기에서 내 말을 네게 들려 주리라 하시기로 내가 토기장이의 집으로 내려가서 본즉 그가 녹로로 일을 하는데 진흙으로 만든 그릇이 토기장이의 손에서 터지매 그가 그것으로 자기 의견에 좋은 대로 다른 그릇을 만들더라"(예레미야 18:1-4).

예레미야서 18장 1-4절, 저의 지난날을 돌아볼 때마다 떠오르는 성경 구절입니다. 주께서 예레미야에게 토기장이의 집으로 내려가라고 명하십니다. 토기장이의 집에 갔더니 마침 토기장이가 물레를 돌리며 일을 하고 있었습니다. 그런데 그 토기장이는 진흙으로 그릇을 빚다가 잘빚어지지 않으면 그 흙으로 다른 그릇을 빚었습니다. 이는 곧 이스라엘 백성을 향한 말씀입니다. 이스라엘 백성이 하는 행동들이 하나님 마음에 들지 않았습니다. 그래서 바빌론 포로 생활 70년을 통해 연단시킨 후 새롭게 만들기 원하셨습니다. 하나님은 이러한 시청각 교육 방법을 제게도 행하셨습니다.

저의 지난 삶은 절대 평탄하지 않았습니다. 삶의 궤적 곳곳에서 환난과 핍박을 당했습니다. 그러나 인생을 바꾸겠다는 일념으로 인해 예수님을 만났습니다. 무익한 제가 토기장이이신 하나님 손에 붙들렸습니다. 하나님은 저를 하나님이 필요로 하시고 기뻐하시는 모양으로 다시 빚기를 원하셨습니다. 그리고 성령의 도우심으로 뜨거운 가마 속을 견뎌내게 하셨습니다. 가마 속에서 구워져 나올 때마다 제게 새로운 깨달음을 주셨습니다. 토기장이이신 하나님은 말씀으로 저를 새롭게 빚으셨습니다. 특히 마음이 아픈 자들을 치유하는 힐링 멘토로서 빚어 주셨습니다.

하나님의 손으로 새롭게 빚어진 저는 훈련사역을 통해, 방송활동을 통해, 또 저술과 집회를 통해 많은 제자들을 길러내는 일을 해왔습니다. 지금은 유튜버로서 강력한 성령의 능력을 전 세계에 전하고 있습니다. 하나님께서는 시대에 맞게 저를 업그레이드하십니다. 이 책에 담긴 저의 간증 이야기는 김록이라는 한 개인의 인생 이야기가 아닙니다. 하나님이 어떻게 한 사람을 부르시고, 훈련시키시고, 사용하셨는지를 보여주는 '하나님과 함께한 영적 여행기'입니다.

이 책을 통하여 오직 하나님 한 분만이 높임을 받으시기를 기도합니다.

2023년 8월
김록이

목차

추천사
민경배 박사(전 백석대학교 석좌교수) 4
피종진 목사(재미재단법인 한국기독교부흥사단체총연합 대표총재) 5
이 철 목사(기독교대한감리회 감독회장) 6
이주훈 목사(대한예수교장로회 백석총회 증경총회장) 7
박요일 목사(대한예수교장로회 백석총회 유지재단 이사장) 9
김원철 목사(오산리최자실기념금식기도원 원장) 12
강창훈 목사(동아교회 담임, 미국 리폼드신학교 목회학 박사, 천일작정기도회 운동본부 대표) 14
임인기 목사(새서울노회 노회장) 16
윤학렬 감독(㈜하세) 17
이용희 교수(가천대 교수, 에스더기도운동 대표, 바른교육교수연합 대표) 19

프롤로그 20

1_ 토기장이 하나님, 나를 새롭게 빚으시다

철없는 새색시, 매운 시집 생활 28
사당동 생활 – "다른 신에게 예물을 드리는 자는" 32
예수님 믿으면 정말 팔자가 바뀌나요? 37
복음과 함께 고난을 받으라 42
말씀과 기도와 영의 세계 48
기도의 영 53
여호와는 나의 목자시니 60

contents

그럼에도 불구하고 65
실수는 내 인생의 멘토 70
나눔의 삶 73

2_ 나는 무익한 자

오네시모에게서 나 자신을 발견하다 76
범사에 그를 인정하라 83
하늘로부터의 한 음성 88
너를 고난의 풀무 불에서 택하였노라 93
신정동 시대 – 3평 크기 방에서 개척하다 99
나를 부르심 102
도사님, 전도사님 107
영등포 시대 – 주님이 아시나이다 112
부흥 이루라 118
김록이 드디어 강남으로 121

3_ 주의 손에 붙들리다

쓰레기 인생 126
핍박과 고난은 여전하지만 131
기억상실증 134

고수부지 비둘기 137
목사 안수, 그리고 그 이후 140
교만 144
사람이 무서워지다 – 부도 이야기 147
"네가 잃어버린 것보다 얻은 것이 훨씬 많을 것이다" 151
돈으로 저를 움직일 수 없습니다 156
세 개의 간판 159
홀로 서게 하라 164
집필자가 되어 169
"너는 할 수 있다. 너는 될 수 있다. 너는 이룰 수 있다" 172

4_ 광야를 지나다

엘리사처럼 178
오금동 시대를 돌아보며 182
인천 시대 189
준비가 최선 198
목회를 해야 하나, 말아야 하나 202
신실하신 하나님 207
하나님의 타이밍 213
내가 꿈꾸었던 45세 218
하나님, 울지 않게 해 주세요 221
한 영혼을 떠나보내며 224

contents

5_ 네가 가라

순리가 진리 232

자녀 이야기 238

기도 이야기 244

양평 광야대학 249

다시금 거절과 단절의 벽에 갇히다 255

흔들리지 않고 피는 꽃이 있더냐 258

스스로 길을 만드는 물처럼 262

비움의 영성을 배우다 267

너희는 부르짖으라 271

다시 인천으로 274

시대를 읽으라 277

천안 성전 – 네가 해라 282

때를 얻든지 못 얻든지 – 코로나19 시대를 살면서 286

지난 사역을 되짚어 보며 292

미래 비전 295

에필로그 301

1.

토기장이 하나님, 나를 새롭게 빚으시다

철없는 새색시,
매운 시집 생활

저는 스무 살이라는 어린 나이에 결혼했습니다. 남편과는 친구 소개로 만났습니다. 제가 일찍 결혼하게 된 이유 가운데 하나는 제가 철이 전혀 없었다는 겁니다.

저의 고향은 원래 경북 상주입니다. 제 위로 오빠 셋에 제 아래로 남동생 둘, 이렇게 6남매의 외동딸로 손에 물도 안 묻히고 귀하게 자랐습니다. 저는 어릴 때부터 몸과 마음이 늘 건강했고, 구김살이 없었습니다. 운동도 잘하고, 뒤에는 오빠 셋이 떡 버티고 있으니 언제나 골목대장 노릇을 했습니다. 그러다 보니 두려움 같은 것이 없었습니다. 성격도 호탕해서 무슨 일이 생기면 크게 웃어버리거나 한 번 울어버리면 그만이었습니다. 그뿐만 아니라 친정아버지는 제가 어릴 때부터 딸에겐 절대 일을 시키지 말라고 당부하셨습니다. 반면에 아들들은 초등학교 4학년 때부터 불을 때서 밥을 짓게 했습니다. 제가 하는 일이라고는 노는 것뿐이었습니다.

이렇게 자란 제가 아무 연고가 없는 서울에서 가족과 떨어져 신혼 생활을 시작하게 되었습니다. 남편이 서울에 거주하고 있었기에 서울에 신혼살림을 차린 것입니다. 제가 결혼하기 한 해 전에 시아버님이 돌아가셨고, 그 유언에 따라 8남매의 일곱째인 남편이 어머니를 모시게 되었습니다. 그래서 신혼 초 시어머니, 남편과 시동생, 저, 이렇게 넷이 살았습니다.

일도 전혀 해본 적 없고 철도 없는 제가 결혼 생활을 시작한다는 것은 마치 지도 없이 정글에 들어간 것과 같았습니다. 날마다 문화적 차이로 인해, 또 저의 무지함으로 인해 사소한 일들이 벌어졌고, 그것이 불씨가 되어 크게 번졌습니다. 그리고 시댁 식구의 언어폭력과 신체적 학대라는 사나운 불이 저를 괴롭게 했습니다. 전에는 한 번도 경험해 보지 못한 살벌한 현실이었습니다. 묵묵히 견뎌내긴 했지만 답답하고 괴로운 생활의 연속이었습니다.

하루는 시어머니께서 시금치를 삶으라고 하셨습니다. 저는 시금치를 한 번도 삶아본 적이 없었기에 시금치에 물을 붓고 푹푹 끓였습니다. 그랬더니 연한 시금치 잎과 줄기가 죽처럼 뭉그러져 버렸습니다. 그것을 시어머니에게 가져갔으니 시어머니로서는 기가 막혔을 겁니다. 게다가 시어머니는 음식 솜씨가 뛰어난 분이시니 집안일에 젬병인 며느리가 얼마나 한심했을까요? 또한 시어머니의 입장에서 며느리를 집에 들인다는 것은 곧 아들을 일부 빼앗기는 것과 같았을 테니, 여러 가지 이유로 제가 탐탁지 않았을 것입니다. 어쩌다 국이라도 끓이고 반찬이라도 만들면 밥상을 다 엎어버리셨습니다. 제 머리채를 잡아 흔들기도 했습니다.

문화적 차이로 인해 생겨난 오해도 만만치 않았습니다. 저희 경상도에서는 투박한 말을 툭툭 던져도 그 안에 담겨 있는 정을 다 느낄 수 있습니다. 그리고 표현이 세고 욕처럼 들리는 말도 사실은 다 애정이 어린 말입니다. 예를 들어 제가 태어나고 자란 경상도 시골에서는 식사하라는 말을 할 때, "밥 퍼먹어, 밥 묵어"라고 합니다. 경상도 사람들에겐 이것이 상대방을 무시하는 상스러운 말이 아닙니다. 오히려 가까운 사이일수록 더 많이 사용하는 말입니다. 밥상을 차린 후 제가 남편에게 "밥 묵어"라고 했더니 난리가 났습니다. 이 말을 욕으로 알아들은 시어머니가 "이 썩을 ○!" 어쩌고 하면서 욕설을 퍼부으며 제게 폭력을 가했습니다.

그 후로도 폭행은 지속되었고 이유도 다양했습니다. 이렇듯 상상도 못했던 일들을 겪다 보니, 불안증이 생기면서 발소리만 들려도

가슴이 쿵쾅댔습니다.

　부엌에 들어가는 것과는 담을 쌓았던 제가 결혼을 한 첫해에 김치를 담그게 되었습니다.
　'혼자 김장을 어떻게 해야 하나? 안 할 수는 없으니 일단 김장하는 집을 다니며 배워야겠다'라고 생각한 후 온 동네를 찾아다니면서 김치 담그는 법을 배우기 시작했습니다. 누구네가 김장한다더라는 소리가 들리면 즉시 달려가 어떻게 하는지 지켜보았습니다. 그러다 보니 함경도식 김치, 전라도식 김치 두 가지를 배우게 되었습니다. 여기에 덧붙여 동치미, 총각 김치, 삭힌 고추 등을 배워 직접 실습을 했습니다. 그리고 뒤뜰에 김장 항아리를 묻어놓고 흐뭇하게 마냥 바라보았습니다. 보면 볼수록 저 자신이 기특하게 여겨졌습니다.
　그런데 어느 날, 동치미가 어떻게 되어가고 있는지 궁금해서 항아리 뚜껑을 열어보았습니다. 그 후에도 보고 싶을 때마다 가서 열어보았습니다. 저는 김치를 맛있게 익히려면 뚜껑을 자주 열면 안 된다는 사실을 전혀 몰랐습니다.
　김치 담그는 법만 배웠을 뿐 관리하는 법은 배우지 않았던 것입니다. 그러나 지금은 두 가지 모두 능숙합니다. 다만 김치를 담글 일이 없을 뿐입니다.

1. 토기장이 하나님, 나를 새롭게 빚으시다

사당동 생활
- "다른 신에게 예물을 드리는 자는"

우여곡절 끝에 첫딸(혜림)을 낳은 후 분가해서 사당동에 살림을 차리게 되었습니다. 이사한 후에는 다른 아기 엄마들과 친구가 되었습니다. 원래 아기를 키우는 엄마들은 공감대가 확실하므로 자연스럽게 대화를 시작하고 친해지는 법입니다. 게다가 제가 살던 집이 막다른 골목이라 사람들이 모여 이야기를 나누곤 했습니다.

그런데 제게 트라우마가 생겼는지 매일 밤 가위에 눌렸습니다. 예전 어른들이 하시는 말씀이 식칼을 베개 밑에 넣고 자면 귀신 꿈도 안 꾸고 가위에 눌리지 않는다고 해서 그렇게 하기도 했습니다. 그리고 성당에 다니시던 한 분은 책을 한 권 주면서 머리맡에 놓고 자라고 했습니다. 그 책은 바로 한국천주교주교회의에서 발행한 신약성경이었습니다. 지금도 그 성경의 표지가 기억에 생생합니다. 그렇지만 이러한 방법들은 통하지 않았고, 저는 여전히 매일 밤 가위에 눌렸습니다. 누군가 매일 와서 제 목을 조르는 겁니다. 자다가 또 가위에 눌릴까 봐 무서워 잠을 잘 수가 없었습니다. 이렇듯 잠을 제대로 자지 못하니 몸이 말라갔습니다.

어느 날 주인집 아주머니가 용한 무당을 알고 있는데, 같이 가보지 않겠느냐고 했습니다. 저는 아무런 고민이나 갈등 없이 선뜻 같이 가겠다고 대답했습니다. 우리가 어떤 결정을 할 때는 살아온 환경과 경험이 큰 영향을 미치는 법입니다. 저 역시 어릴 때부터 어머니가 무당을 찾아가고 굿하는 것을 봐왔었기 때문에 어머니처럼 무속에 의지한 것입니다.

아주머니를 따라가 보니 조그마한 암자에 비구니가 살고 있었습니다. "점괘가 어떻게 나왔나요?" 하고 묻자 다짜고짜 하는 말이 제게 살이 끼었다고 하는 것입니다. 일단 제가 삼살방으로 이사를 왔다고 했습니다. 저로서는 처음 듣는 말이라 그게 뭐냐고 물어보았습니다. 삼살방이란 세살(歲煞), 겁살(劫煞), 재살(災煞)이 낀 불길한 방위를 뜻합니다. 또 제겐 역마살도 있다고 하면서 자그마치 5개의 살이 있다는 것입니다. 예전부터 공방살 이야기를 듣긴 했습니다. 공방살은 남편 없이 아내 혼자 방을 지키는 팔자라는 것입니다. 남편이 바

1. 토기장이 하나님, 나를 새롭게 빚으시다

람을 피우든지, 딴살림을 차리든지, 이혼하든지 해서 혼자 사는 것이 공방살입니다. 어린 나이에 공방살이 있다는 말을 들었을 때는 두렵고 떨렸습니다.

'야, 내 인생 파란만장하겠구나!'

그렇게 점쟁이가 이러저러한 설명을 하면서 50만 원을 내고 살풀이를 해야 한다고 했습니다. 복채는 5천 원이었습니다. 그런데 5천 원권이 없어서 1만 원권을 내고 잔돈을 받으려니 생각했습니다. 그런데 5천 원 거스름돈을 내주지 않았습니다. 나오면서 아주머니에게 물었습니다.

"왜 잔돈을 안 줘요?"

"원래 이런 데서는 거스름돈 받는 게 아니야."

우스갯소리지만 지금도 그 5천 원이 아깝답니다.

그 일은 지금으로부터 35년 전의 일입니다. 그 당시 50만 원이면 어느 정도 가치였을까요? 참고로 통계청 발표에 따르면, 2021년 기준 짜장면 값이 40년 전보다 13배가 뛰었다고 합니다. 여하튼 50만 원은 아주 큰돈이었습니다. 제가 물었습니다.

"그 굿 한번 하면 제 팔자가 바뀌나요?"

그랬더니 바뀐다고 하였습니다. 그래서 저는 주인 아주머니에게 굿을 하겠다고 말했습니다. 돈이 좀 들더라도 굿 한 번에 팔자가 바뀐다는데 안 할 이유가 없었습니다. 주인 아주머니가 물었습니다.

"새댁, 돈 있어?"

"없어요."

"없으면 만들면 되지. 내가 일수로 빌려줄게."

두 사람 사이에 모종의 거래가 이루어졌습니다. 게다가 저는 그 당시 일수가 뭔지도 몰랐기에 겁도 나지 않았습니다.

저는 빌린 돈 50만 원을 이불장 속에 넣어두었습니다. 이 방법 역시 우리 어머니에게서 보고 배운 것입니다. 어머니는 늘 돈을 이불장에 넣어두었습니다. 나중에 저희 형제들이 장성해서 이야기하다 보니, 다들 한 번씩은 이불장에서 돈을 훔쳤다는 것을 알게 되었습니다. 저도 물론 훔친 적이 있습니다.

이틀 후면 굿을 하는 날이었습니다. 그런데 제게 예기치 않은 일이 벌어졌습니다. 아마 제가 그때 굿을 했더라면 저는 지금 무당이 되었을 겁니다. 생각만 해도 아찔합니다. 사실 무당들이 사람을 대하는 패턴은 뻔합니다. 굿을 한두 번 하게 하고, 그래도 풀리지 않고 여전히 망조가 들면 "당신은 무당 팔자야"라고 결론을 내버리는 것입니다.

그 후 제가 시편 16편을 읽다가 통회하고 자복했습니다.

1. 토기장이 하나님, 나를 새롭게 빚으시다

"다른 신에게 예물을 드리는 자는 괴로움이 더할 것이라"(시 16:4).

이 말씀처럼 저는 큰 괴로움을 당했습니다. 제가 그 당시에 이 말씀을 알았더라면 하는 아쉬움과 안타까움이 너무 큽니다. 제가 치른 대가가 너무도 컸기 때문입니다.

살풀이 한 번에 인생이 바뀔 수 있다면 달러 빚을 내서라도 해야겠지만 절대 그렇지 않습니다. 우리 인생은 하나님의 손에 있습니다. 우리 운명은 하나님 안에 있습니다. 내 인생은 하나님이 바꿔 주시고, 내 인생은 내가 바꿉니다. 나의 노력이 없으면 안 됩니다. 나에게 어떤 문제가 있으면 노력해야 합니다. 하나님이 저절로 해주시는 것은 없습니다. 내가 노력해야 합니다.

그래서 저는 팔자를 바꾸려고 예수를 믿게 되었습니다. 게다가 예수를 믿은 뒤에 보니 공방살이 그리스도 예수 안에서는 얼마나 좋은지 모릅니다. 이 공방살을 은혜받을 살이라고 생각합니다. 과부되고 여든이 넘도록 밤낮 성전에 와서 엎드리던 안나 선지자도, 성전에서 하나님 앞에 엎드리다가 초림 예수를 만나는 복을 누렸기 때문입니다.

예수님 믿으면
정말 팔자가 바뀌나요?

굿을 하기로 예정된 전날, 주인 아주머니가 국수를 삶았다며 와서 먹으라고 했습니다. 그래서 세 든 사람들이 함께 국수를 먹으러 갔습니다. 그 자리에는 화장품 방문 판매를 하시는 분이 있었습니다. 모두들 국수를 맛있게 잘 먹었습니다.

그리고 마당에 앉아 손빨래를 했습니다. 그 당시만 해도 세탁기가 귀해서 대다수가 손빨래를 했습니다. 그때 화장품 방문 판매 아주머니가 얼굴이 새하얗게 질린 채 왔습니다.

"돈이 없어졌어. 우리 아들 등록금인데. 여기 올 때 분명히 가지고 있었거든."

그 무렵 주인 아주머니가 손버릇이 나쁘다는 소문은 있었습니

1. 토기장이 하나님, 나를 새롭게 빚으시다

다. 그러나 심증만 있을 뿐 물증이 없었습니다. 저는 안됐다는 마음이 들어서 우리 집에 가서 차라도 한잔하시면서 마음을 추스리라고 청했습니다. 그리고 화장품 아주머니를 모시고 우리 집으로 왔습니다.

이것 역시 어릴 때부터 제가 보고 자란 것입니다. 우리 집에는 늘 사람들이 북적댔습니다. 가난한 사람이나 마음이 아픈 사람들이 언제든지 부담 없이 찾아와 밥을 먹고, 차를 마시고 가곤 했기 때문입니다. 그러니 아주머니를 집으로 모셔 차를 대접하겠다는 생각이 제게는 아주 자연스러운 것이었습니다.

이 작은 사건이 기적으로 이어졌습니다. 제 인생의 방향이 확 바뀌는 계기가 된 것입니다.

그런데 그 아주머니는 자기 문제는 잊은 듯 정색을 하면서 말했습니다.

"새댁, 예수님 믿으면 팔자가 바뀌어, 나도 전에는…."

아주머니는 자기 이야기를 술술 쏟아내면서 예수 믿고 잘되었다는 이야기, 그러니까 간증을 했습니다. 마치 제 속을 다 알고 말하는 것 같았기에 순간 속이 뜨끔했습니다. 동시에 귀가 뻥 뚫리는 느낌을 받았습니다. 이때부터 저를 향한 하나님의 계획이 차근차근 진행되고 있었다는 것을 후에 깨달았습니다.

예수를 믿으면 팔자가 바뀐다는 말에 솔깃한 저는 그 주부터 교회에 가겠다고 약속했습니다. 제 말을 믿을 수 없었던지 그 아주머니는 전화를 계속하고, 금·토·일 연이어 우리 집을 방문했습니다.
"저는 한 번 간다고 하면 꼭 가요. 걱정하지 마세요."

그리하여 저는 처음으로 교회에 가게 되었습니다. 여의도 순복음교회 대성전 본당 2층에 처음 발을 내디뎠습니다. 그동안 샤머니즘에 깊이 젖어 있던 저로서는 모든 것이 생소하게 느껴졌습니다. 그런데 교회에 앉자마자 마치 친정집에라도 온 듯한 편안함과 자유로움이 느껴졌습니다. 그리고 눈물이 하염없이 흘렀습니다. 왜 그리 눈물이 쏟아지는지 저 자신도 알 수가 없었습니다.

저만 우는 것이 아니라 딸 혜림이 역시 째지는 소리로 울어댔습니다. 그 당시 혜림이가 한 번 울면 아무도 못 말렸습니다. 그러자 구역장님이 혜림이를 데리고 나갔습니다.
"새댁, 은혜받아야지."

제가 예수 그리스도를 믿게 된 것은 '팔자가 바뀐다'는 말 때문이었습니다. 팔자가 센 사람이 영권도 강하게 받는 것 같습니다. 이왕에 팔자가 셀 바에야 하나님 앞에 영성 강하게 쓰임 받아야겠다고 생각했습니다. 팔자가 세지 않았으면 그토록 기도에 매달리지도 않았을 것이고, 영권도 받지 못했을 겁니다.

1. 토기장이 하나님, 나를 새롭게 빚으시다

여하튼 제게는 뚜렷한 목표가 생겼습니다. 예수 믿고 팔자가 바뀐다는 것을 믿고 거의 매일 교회에 갔습니다. 구역예배에도 참석했습니다. 그곳에서 신앙의 선배요, 멘토가 되는 여러 분들을 만났습니다. 조장이신 신○○ 권사님을 비롯하여 최○○ 권사님, 차○○ 집사님 등 모두가 지금도 잊을 수 없는 제 신앙의 멘토들이십니다. 영적으로 갓 태어난 저를 섬겨주시고, 가르쳐주신 고마운 분들입니다. 이분들이 시키는 대로 성경 암송도 하고, 기도도 하면서 차근차근 신앙생활의 정석을 익혀 갔습니다. 이를테면 수요예배, 금요예배, 새벽예배를 포함하여 매일 예배를 드려야 한다고 배웠습니다. 지금 생각하니 제 신앙훈련은 강도가 아주 높았던 것 같습니다.

여러 훈련 코스를 거치고, 여의도 성경대학에도 들어갔습니다. 제 경우를 보건대, 이처럼 평신도 리더들의 역할은 매우 중요하고, 새신자에게 아주 큰 영향을 미칩니다. 하나님은 제 곁에 그런 분들을 보내주셔서 저를 훈련하셨습니다.

생활 속에서 많은 변화가 일어났습니다. 한 예로 술병들을 다 깨버렸습니다. 예수님을 믿기 전까지 저는 나름 술을 즐겼습니다. 이러한 사실을 모르는 남편이 여느 때처럼 맥주와 안주를 사들고 들어와 한잔하자고 했습니다. 제가 술잔 대신 일반 그릇을 내미니까 남편이 놀라 물었습니다.

"아니, 술잔들은 다 어디 가고?"

나는 이제 술을 안 마실 거니까 다 깨버렸다고 대답했습니다. 남편으로서는 기가 찰 노릇이었을 것입니다. 왜 교회를 나가느냐며 그 날을 기점으로 핍박이 시작되었습니다.

사실 사당동으로 이사를 오기 전, 시어머니와 함께 살 때만 해도 교회 사람들이 전도하러 오면 소금을 뿌리면서 나가라고 난리를 쳤습니다. 예수님을 전혀 몰랐기 때문입니다.

1. 토기장이 하나님, 나를 새롭게 빛으시다

복음과 함께 고난을 받으라

제가 교회에 다니면서부터 남편의 폭력이 본격적으로 시작되었습니다. 남편의 폭력이 처음은 아니었지만, 그 강도가 점점 세져서 생명에 위협을 줄 정도였습니다. 예수님을 믿고 새 생명을 얻고 새로운 삶을 시작한다는 것은 결코 평탄한 삶을 의미하지 않습니다.

그런데도 저는 열심히 예배에 참석했습니다. 그리고 교회에서 발행하는 순복음 소식지를 주일마다 200여 부씩 가지고 와서 온 동네에 뿌렸습니다. 예수를 믿는다면 전도는 필수라고 배웠기 때문입니다. 저에게도 아이가 있지만, 전도하기 위해 다른 사람의 아이를 봐주는 것은 전도의 기본에 속했습니다. 저는 무엇을 하든 일단 마음먹으면 최선을 다하는 열정을 발휘했습니다.

그 무렵 구역에서 신유의 은사를 지닌 분을 초청했습니다. 그분이 저를 안수하며 기도하실 때 불이 붙는 것처럼 뜨거움을 느꼈습니다. 저뿐만 아니라 그분 역시 느끼셨다고 했습니다.

"내가 이런 사역을 하면서 이렇게 불이 확 붙어버린 건 처음이야!"

저는 그 느낌이 너무 좋았습니다. 그래서 나름 욕심이 생기면서 다짐했습니다.

'그래, 이왕 믿는 것 확실하게 믿어보자.'

그리고 집으로 돌아와 기도하기 시작했습니다.

"하나님, 그게 뭔지는 모르지만, 저에게도 그런 능력을 주세요. 능력을 주시면 제가 가난한 사람들, 병든 사람들을 찾아가 친구가 되어주고, 병도 고쳐줄 것입니다. 부디 저에게도 그런 능력을 주세요."

어찌나 열심히 기도했던지 온몸이 땀범벅이었습니다. 한 30분 정도 기도했다고 생각하면서 눈을 떠보니 자그마치 3시간이 지나 있었습니다. 3시간 동안 온 방을 헤매면서 기도했던 것입니다.

그날 비가 억수같이 쏟아졌던 기억이 생생합니다.

그 사건 이후 세월이 흘러 어떤 예언 사역자를 만났을 때의 일입니다.

"왜 사명을 감당 안 하고 하나님하고 등을 졌어?"

1. 토기장이 하나님, 나를 새롭게 빚으시다

그분은 마치 나무라듯 말하는 것이었습니다.

그 말에 저는 서운하기도 하고 놀라기도 했습니다. 그래서 따져 물었습니다.

"제가 언제 사명을 감당 안 해요?"

그랬더니 제가 서원을 하고, 그 서원을 갚지 않았다는 것입니다. 저는 예수를 믿은 지 얼마 되지 않았으니 서원이 뭔지 알 턱이 없었습니다. 그래서 저는 그런 서원 같은 것 한 적이 없다고 말했습니다.

그런데 친구와 함께 기도를 받은 후 나올 때 문득 떠오르는 것이 있었습니다. 비가 마구 퍼붓던 그날, 온 방을 헤집으면서 가난한 자와 병든 자를 섬기겠으니 제게 신유의 은사를 내려주시라고 기도했던 것이 서원이었음을 깨달았습니다.

오산리 기도원에서 금식기도를 하게 되었습니다. 물론 예수님을 영접한 지 3개월 정도 되었을 때의 일입니다. 오산리 기도원에는 기도굴이 있습니다. 조장님이 제게 당부했습니다.

"기도굴에는 가지 말고, 아무에게나 안수받지 말고."

그러나 사람들은 본성상 하지 말라는 것은 더 해보고 싶어 합니다. 기도굴에 대한 호기심이 밀려왔습니다. 그래서 옆 사람에게 기도굴이 어디 있느냐고 물었습니다. 가보니 말 그대로 굴이었습니다. 지금이야 혼자 들어가 안전하게 기도할 수 있는 방처럼 꾸며져 있지만, 그 당시엔 굴 속에 전기도 들어오지 않았습니다.

'도대체 기도굴이 뭐기에 들어가지 말라고 하실까? 사람들은 저렇게 많이들 들어가는데…'

일단 그곳에 있는 사람들을 관찰했습니다. 초를 들고 굴 속으로 들어가더니 사도신경을 암송하고, 찬송 한 곡 부르고, 성경 읽고, 그 다음에는 알아들을 수 없는 말을 "라라라라" 내뱉는 모습이 한결같았습니다.

'아, 저렇게 하는 거구나, 저런 거면 나도 할 수 있겠다.'

그래서 조장님이 들어가지 말라고 당부했지만 저는 결국 들어가기로 마음먹었습니다. 마침 빈 곳이 하나 있기에 그곳으로 들어갔습니다. 일단 사도신경과 성경 구절은 보고 읽으면 될 것인데, 찬양은 어떻게 할지 고민이 되었습니다. 마침 구역예배 때 불렀던 찬양이 생각나서 그것을 냅다 불렀습니다.

"내 모습 이대로 주 받으옵소서…"

울며불며 이 찬양을 한 시간 정도 불렀습니다. 이곳에서 저는 저 자신도 모르게 두 번째 서원을 한 셈입니다.

저의 기도 제목은 시어머니를 용서하고 사랑할 수 있게 해 달라는 것이었습니다. 또한 저 역시 시어머니의 사랑을 받게 해 달라는 것이었습니다. 분가는 했지만 여전히 괴로운 일이 많았기 때문입니다.

1. 토기장이 하나님, 나를 새롭게 빚으시다

저녁예배 시간이 되었습니다.

"오늘 예배를 위해 '주여!' 삼창하고 통성으로 기도합시다."

찬양인도자의 말에 따라 여기저기서 "주여! 주여!" 난리가 났습니다. 제가 보기엔 모두 정신이 나간 사람들 같았습니다. 저만 아직 정신이 말짱하구나 생각했습니다. 그러나 모두가 외눈인 곳에서는 두 눈인 사람이 이상한 법입니다. 저도 슬금슬금 주위를 살피면서 어느 정도는 분위기를 따라야겠다고 생각했습니다. 방언은 받지 않았지만 "랄랄랄라" 소리를 내면서 장단을 맞추었습니다.

그런데 순간 천사들이 제 주변에 쫙 진을 친 것입니다. 나중에 알고 보니 그게 환상이었습니다. 그러더니 제 팔이 저절로 막 떨리기 시작했습니다. 그리고 생각지도 않았던 것들이 막 떠올랐습니다.

'너는, 네 친엄마에게 했던 짓은 회개하지 않으면서 시어머니 기도를 하느냐?'

이런 책망과 함께 빠르게 여러 장면들이 지나갔습니다. 저 때문에 속이 상한 엄마가 우는 모습도 보였습니다. 저 역시 눈물 콧물을 줄줄 흘리며 통회했습니다.

제 목소리가 워낙 크다 보니 예배에 방해가 되었습니다. 예배당에는 마치 기름이라도 짜듯 사람들이 다닥다닥 붙어 앉아 있었습니다. 그러다 보니 "자, 한 번씩만 앞으로 방석을 당깁시다"라는 말을 자주 들었습니다.

이러한 상황에서 제가 하도 요란법석을 떠니까 사람들이 절제하라며 등을 때렸습니다. 그러자 제 혀가 꼬이기라도 한 양 "랄랄랄랄라" 소리를 냈습니다. 이것들이 도대체 무엇인지 그 당시엔 도통 알 수가 없었습니다. 다행히 성령님이 저를 멈추게 하셨습니다. 성령님은 질서의 영이시니까요.

　그제야 눈을 뜨고 주위를 둘러보니 모두 저를 째려보고 있었습니다. 게다가 제 주변은 자리가 비어 있었습니다. 제가 하도 몸부림을 쳐대니 자칫하면 주먹에 맞을 수 있었을 것입니다. 비로소 상황 파악을 한 저는 미안하고 부끄러워서 더는 그 자리에 앉아 있을 수가 없었습니다. 여하튼 저는 그런 식으로 불같은 성령을 받았습니다.

　금식 3일 차에 접어들면서 제 마음이 부드러워지면서 용서할 여지가 생겨났습니다. 이것이 제게는 기적이었습니다.

1. 토기장이 하나님, 나를 새롭게 빚으시다

말씀과 기도와
영의 세계

그때부터 매일매일 기도하고, 성경을 보기 시작했습니다. 인생을 바꾸려면 내가 믿는 종교의 경전 정도는 알아야겠다고 생각했기 때문입니다. 기독교의 경전은 성경이니 열심히 성경을 읽을 수밖에 없었습니다. 경전도 모르고 어떻게 인생을 바꾸겠습니까? 경전이 없는 신앙, 말씀이 없는 신앙은 무당과 뭐가 다르겠습니까? 그저 종교생활일 뿐인 것입니다.

그런데 제가 성경을 열심히 읽다가 시험에 들었습니다. 이유인즉, 제가 성경대학에 가서 열심히 성경공부를 할 때, 목사님이 '성경 기자(記者)'라고 해야 하는데 '성경 저자(著者)'라고 하신 것입니다. 예를 들면 '예레미야서의 저자는 예레미야'라는 것입니다. 기자와 저자는 그 뜻이 다릅니다. 저자라고 하면 책에 대한 영감이 저자 자신에게서 나온다는 뜻입니다. 반면에 기자는 하나님에게서 오는 영감을 받아 기록만 하는 것입니다. 저는 원래 책을 좀 읽던 사람이라, 두 단어의 차이를 분명히 구별할 수 있었습니다.

"아, 이거 성경책이 경전이라더니만 사람이 쓴 거잖아? 이것이 사람의 영감으로부터, 사람의 지식으로부터 나온 거라면, 내가 이걸 왜 신봉해? 사이비구먼."

그래서 성경책을 휙 집어던졌습니다. 그렇게 성경을 던져놓고, 애도 밀어놓고 빨래를 하고 있었습니다. 갑자기 제 안에 의심이 막 뭉글뭉글 올라왔습니다. 그때 하늘로부터 소리가 들렸습니다. 하늘로부터 들려오는 소리는 마치 오케스트라 연주처럼 꽉 차고 빈 데가 없었습니다.

"하나님의 말씀은 일점일획의 변함도 없고."

제가 시험에 들고 의심하게 된 것이, 성경을 사람이 쓴 책이라고 생각해서 그런 것이었는데, 하나님이 음성을 통해 이것은 사람의 책이 아니라 하나님의 말씀이라는 확신을 불어넣어 주신 겁니다. 그제야 저는 '이것이 하나님의 말씀이구나! 하나님의 말씀이야!' 하고 믿게 되었습니다. 만약에 그때 하나님이 저를 그렇게 다시 만나주지 않으셨다면, 저는 또 건들건들했을 겁니다.

1. 토기장이 하나님, 나를 새롭게 빚으시다

그래서 다시 열심히 성경을 읽기 시작했습니다. 당시 제게 기도 제목이 하나 있었습니다.

"하나님 아버지, 우리 집의 가난 문제, 남편 문제가 좀 해결되게 해 주세요."

왜냐하면 애들 아빠가 직장을 다니다가 일 년이면 여덟 번을 관두곤 했기 때문입니다. 그러니 생활이 힘들었습니다. 그래서 예수를 갓 믿게 된 제가 기도를 하기 시작한 것입니다. 그랬더니 남편이 한 직장을 오래 다니기 시작했습니다.

그런데 우리 가문에 가난의 영이 있는 것입니다. 이 가난의 영을 처리하기 위해 한 2년간 기도를 했습니다.

사당동에 살 때였습니다. 어느 날, 꿈인지 생시인지 정말 육 척 거구의 거지 대장이 찾아왔습니다. 그리고 제게 이렇게 말하는 것이었습니다.

"내가 너 때문에 살 수가 없다. 난 간다!"

그때 저는 누운 채로 "그래, 가"라고 말했습니다. 그랬더니 무슨 축지법이라도 쓰는 양 휙 하고 단숨에 몇 미터를 날아가버리더군요. 그렇게 날아가버린 4차선 도로에 귀신들이 꽉 차 있는 것이 보였습니다. 그리고 꽹과리 소리같이 쟁쟁거리는 깡통 소리가 제 귀에 들렸습니다. 각설이패 같아 보이기도 했습니다.

'가난은 영적 전쟁이구나. 가난의 영이 있구나.'

제가 말씀을 붙들고 기도를 하는 가운데 이처럼 영의 세계를 조금씩 알아가기 시작했습니다. 그리고 그 엄청난 귀신 떼거지가 나가는 것을 보았습니다. 그 후 우리 집의 생활 형편이 점차 나아지기 시작했습니다.

그 무렵 친구 집에 엄마가 오셨습니다. 그 친구의 엄마가 목사님이셨는데, 예배를 드릴 때 저를 부르셨습니다. 아마 그분에게 예언의 은사가 있었던 것 같습니다. 그분이 예배를 드리고 나더니 저를 위해 기도를 해주셨습니다. 기도를 해주시면서 손을 들더니 깜짝 놀라시며 물었습니다.

"교회에 다닌 지 얼마나 됐어?"
"이제 막 다니기 시작했는데요."
그랬더니 이렇게 말씀하시는 겁니다.
"그래? 물권이 아주 크다. 감동되는 대로 심어라."
그런데 그때는 초신자였기 때문에 입으로는 "네, 네" 하면서도 감동되는 대로 물질을 심으라는 말을 알아듣지 못했습니다. 또 기도를 해주시면서 "은혜가 많이 와 있네"라는 말씀도 하셨습니다.

그분이 가시고 나서 친구에게 이것저것 물었습니다. 교회 다니는 사람들이 즐겨 사용하는 용어를 저는 전혀 모르고 있었기 때문입니다.

1. 토기장이 하나님, 나를 새롭게 빚으시다

"은혜가 와 있다는 게 무슨 말이야?"

"물권이 뭐야?"

"감동이 뭐야? 감동되는 대로 하라는 게 무슨 말이야?"

그랬더니 친구가 일일이 설명을 해주었습니다.

"은혜는 하나님의 사랑을 많이 받는 거야. 물권은 돈, 재정에 대한 축복이야. 너한테 그런 게 있다는 거지. 감동은 네 마음이 움직이는 대로 하라는 거야."

그 후 저는 정말 두려움 없이 하나님 앞에 심었습니다. 그렇지 않아도 제가 여의도 순복음교회 나가자마자 우리 조장님이 십일조 해라, 주정헌금 해라 하면서 처음부터 가르쳐준 게 있었습니다. 그래서 저는 배운 대로 했습니다. 왜냐하면 저는 오로지 인생을 바꿔야 한다는 생각만 했기 때문입니다. 저에게는 신앙의 뚜렷한 목적이 있었던 것입니다.

기도의 영

그렇게 신앙생활을 쭉 해나가는 과정에서 둘째 아이를 출산했습니다. 옛날에는 지금처럼 산후조리원이 없었습니다. 집에서 방을 뜨끈뜨끈하게 하고 몸을 풀었습니다. 그런데 방이 뜨겁다 보니 아이 엉덩이에 종기가 났습니다. 탯줄이 미처 떨어지기 전이었는데 병원에 갔습니다. 그런데 그 의사가 고약이나 연고를 발라주지 않고, 그 갓난아이에게 메스를 대어 종기를 쨌습니다.

아직 배꼽이 안 떨어진 상태인 아이가 아파서 울다가 탈장이 되어버렸습니다. 완전히 아물기 전에 울면서 힘을 주니까 동전보다 좀 더 큰 구멍을 통해 장이 바깥으로 빠져나왔습니다. 그 구멍은 원래 자연적으로 메워지기 마련인데 아직 메워지지 않은 상태였던 것입니다.

1. 토기장이 하나님, 나를 새롭게 빚으시다

아이는 계속 자라는데, 무슨 일이 일어났는지 아십니까? 배꼽 구멍으로 장이 빠져나오는 것입니다. 일어서려고 힘을 쓰면 빠져나오고, 뭔가 하려고 움직이면 또 장이 빠져나왔습니다. 이렇게 탈장이 되고 나면 아이가 숨을 못 쉬고, 복압이 차올랐습니다. 얼굴이 새하얗게 된 채 가만히 있는 것입니다. 그러면 얼른 애를 데리고 응급실로 가곤 했습니다.

아이가 8개월이 되었을 무렵, 생활이 안정되고 돈이 모아져서 제가 사업을 시작했습니다. 사업을 해야 하니까 아이 봐주는 사람에게 맡겼는데 아무래도 엄마보다는 소홀한 면이 있었을 것입니다. 결국 문제가 터지고 말았습니다. 계속 탈장이 된 아이는 바싹 말라 뼈와 가죽밖에 남지 않았습니다. 장에 문제가 생겨 소화 흡수가 안 되었기 때문입니다.

먹은 것은 다 토하고, 흰 똥을 푹푹 쌌습니다. 병원 응급실로 달려가면 한 번 갈 때마다 50만 원이 들었습니다. 그런데도 병원에서는 이렇다 할 대책이 없었습니다. 아이의 근육이 자라는 과정에 있기 때문에 설불리 칼을 대어 수술할 수가 없다는 것이었습니다. 그 당시엔 의료보험도 없을 때니까 갈 때마다 수십만 원씩 깨졌습니다.

아이가 자라야 할 텐데 먹지 못해서 영양 상태가 그토록 안 좋으니 자칫하면 생명이 위험할 수도 있었습니다. 사실 우리 아이와 같은 증상을 보이는 아이가 한 명 있었는데, 결국 죽었습니다.

만일 사업이 잘 안 됐으면 저는 돈 벌러 돌아다녔을 겁니다. 사업이 잘되게 하신 것은 저를 붙들어 앉혀 놓기 위한 하나님의 방법이었던 것 같습니다. 게다가 제게는 돈 버는 기술이 있었기 때문에, 돈이 없다 하면 분명 돈 벌러 갈 것을 아셨던 것입니다. 그런데 하나님께서 짐 하나를 더 얹어주셨습니다. 아픈 아들이라는 짐이었습니다. 사업도 시작했고, 아이는 아프고 하니 아이를 붙잡고 기도를 하게 되었습니다.

기도하게 된 특별한 계기가 또 있습니다. 제가 매일 성전에 가서 기도를 시작하던 때가 마침 성탄절 무렵이었습니다. 저는 사업을 하면서 첫 번째 물건이 팔리면 첫 열매를 꼬박꼬박 드렸습니다. 어떨 때는 하루 매출의 40%가 첫 열매가 될 때도 있었습니다. 첫 열매 외에도 감사헌금, 주정헌금, 선교헌금, 건축헌금, 장학헌금, 구제헌금 등을 모두 했습니다. 교회는 여의도로 다니다가 갈 수가 없으니 동네에 있는 조그마한 미자립 교회로 나갔습니다. 크리스마스 트리가 없을 정도로 작은 교회였습니다.

아이는 아프고, 병원에 가봤자 해결도 안 되니 기도밖에 할 수 있는 일이 없다고 생각하고 매일 가서 기도하기로 했습니다. 아픈 아이를 업고 헌금을 챙겼습니다. 그리고 아이를 교회 긴 의자에 눕혀 놓고는 제일 먼저 가서 강단에다가 많은 액수의 헌금을 놓고 돌아

1. 토기장이 하나님, 나를 새롭게 빚으시다

왔습니다. 저의 관심사는 오로지 아이의 장이 어떻게 회복되는가에 있었습니다. 돌아와 아이의 배에 얼른 손을 대니 장이 자연스럽게 해결이 되었지 뭡니까?

'이것은 기도해야 하는 병이구나. 이것은 기도로 하나님이 고치시도록 해야 하는 병이구나.'

그래서 그때부터 미친 듯이 기도하기 시작했습니다. 그러다 보니 하루에 잠을 두 시간 정도밖에 못 잤습니다.

매일 성전에 가서 기도를 하던 때에 신유 은사를 받은 목사님이 옆 교회 부흥회에 오셨습니다. 저는 얼른 아이를 업고 갔습니다. 그때도 또 장이 빠져나왔습니다. 지난번 체험을 통해 이것은 기도로 나을 것이라는 확신이 생겼습니다. 그래서 아이를 목사님께 데려갔습니다.

"어디가 아픈데요?"

"배가 아파요. 탈장됐습니다."

목사님은 아이 배에 손을 얹고 기합 소리를 내셨습니다. 순간 장이 풀어지면서 아이 얼굴에 혈색이 돌았습니다. 저는 아이의 얼굴만 봐도 상태를 알 수 있었습니다.

"이제 됐어요. 데리고 가세요!"

이제 됐다는 것은 목사님보다 엄마인 제가 더 잘 알지요.

"아멘!"

저는 매우 놀랐습니다.

'와, 저런 기적이 있구나.'

그 뒤로 아이가 아프기만 하면 그 목사님처럼 기합 소리를 냈습니다. 아이를 눕혀 놓고 100번 이상 "웃슈!" 하는 것입니다. 목사님이 단 한 번에 한 것을 생각하면 아마 영권의 차이였던 것 같습니다.

그런데 신기하게도 처음엔 다섯 시간 만에 해결되던 것이, 다음엔 네 시간 만에, 그다음엔 세 시간 만에 해결되었습니다.

다른 문제도 있고 해서 작정 기도를 하기 시작했습니다. 물론 그 전에도 기도는 늘 했지만 자정마다 특별 작정기도를 한 것입니다. 한 20일이 넘었을 때였습니다. 그날 밤엔 갑자기 머리가 쭈뼛쭈뼛 서면서 두려움이 몰려왔습니다. 그리고 아무도 없는데 여기저기서 발소리가 났습니다. 저는 아이를 업고 기도했습니다. 제 앞에 장의자 세 개가 있었고 뒤에도 있었는데, 기도를 마치고 나니까 앞뒤 장의자가 다 넘어져 있었습니다.

엄마가 되고 나면 무서운 것이 없습니다. 그래서 저는 매일 밤 12시에 아이를 업고 교회에 가서 기도했습니다. 그런데 그날 밤 방언과 함께 "이 나라에 대해 말하노라, 이 교회에 대해 말하노라" 하면서 아무도 묻지 않은 말들이 제 입에서 터져 나왔습니다. 그렇게 새벽까지 열

1. 토기장이 하나님, 나를 새롭게 빚으시다

정적으로 기도를 했습니다.

그 당시엔 교회 바로 뒤에 목사님 사택이 있는 경우가 많았습니다. 제가 늦은 시간에 교회에 기도하러 갈 수 있었던 것은 목사님이 저에게 교회 열쇠를 주셨기 때문입니다. 그런데 그날은 와장창 하는 소리와 함께 시끄러우니 무슨 일인가 하여 목사님이 나오셨습니다. 저는 그것도 모르고 혼자 계속 큰소리를 내고 있었습니다. 목사님이 제 기도를 다 들으셨습니다.

그날 이후 제 영의 눈이 열렸는지 모든 것이 달라 보였습니다. 이 세상이 달라 보일 뿐만 아니라 귀신도 보이고 천사도 보였습니다. 어떤 때에는 귀신이 달라붙어 머리를 당기는 통에 아프다고 소리를 칠 정도였습니다. 열린 영안을 주체할 수 없었습니다.

이 일이 있고 난 그다음 주에 목사님이 제게 간증을 시키셨습니다. 간증하면서 보니 교회 안에 귀신이 너무 많았습니다. 그뿐만 아니라 앉아 있는 사람들이 저마다 죄패를 달고 있는 것이 보였습니다. 제 눈에는 보이는데 목사님 눈에는 보이지 않는 겁니다.

"그런데 목사님, 귀신이 너무 많이 있는데요."

"그래요?"

"이것들부터 처리해야 할 것 같습니다."

"그럼, 김 집사님이 처리해 보세요"

그 많은 귀신을 제가 어떻게 처리하겠습니까? 그래서 '단번에 처리하려면 따발총밖에 없겠구나!' 생각했습니다. 그리고 제 입에서는 정말 따발총을 쏘듯 다다다거리며 방언이 쏟아져 나왔습니다. 당황한 교인들은 모두 구경꾼이 되어 저를 바라보았습니다. 그래서 저는 졸지에 광인 취급을 받았습니다.

지금은 이러한 영적 은사를 절제하고 다스리도록 체계적으로 가르치고 훈련을 시켜줄 사람이 있지만, 그때만 해도 그런 일을 해주는 사람이 없었습니다. 그 당시엔 그저 신앙의 연륜이 있는 분들이 기도하다가 은혜를 받았구나 하는 정도로만 인식했습니다.

여호와는
나의 목자시니

"여호와는 나의 목자시니 내게 부족함이 없으리로다 그가 나를 푸른 풀밭에 누이시며 쉴 만한 물가로 인도하시는도다 내 영혼을 소생시키시고 자기 이름을 위하여 의의 길로 인도하시는도다 내가 사망의 음침한 골짜기로 다닐지라도 해를 두려워하지 않을 것은 주께서 나와 함께하심이라 주의 지팡이와 막대기가 나를 안위하시나이다 주께서 내 원수의 목전에서 내게 상을 차려 주시고 기름을 내 머리에 부으셨으니 내 잔이 넘치나이다 내 평생에 선하심과 인자하심이 반드시 나를 따르리니 내가 여호와의 집에 영원히 살리로다" 시편 23편

신앙생활과 함께 사업도 제법 번창했습니다. 그랬더니 남편이 또 직장을 그만두고 이제는 사업장으로 들어왔습니다. 그러다 보니 제

게는 지옥 같은 삶이 시작되었습니다. 우선 남편과 저는 지향하는 바가 달랐습니다. 남편은 모양을 예쁘게 만드는데, 저는 먹고살아야 하니까 실리를 우선으로 했습니다. 그래서 남편은 자기가 그리는 그림만큼 되지 않으면 팔아야 할 물건인데도 팔지 않는 것입니다.

그러면 제가 남편에게 말합니다.

"당구장에 가서 당구나 치고 와."

그렇게 남편을 내보내 놓고 제가 만들어서 팝니다. 그러나 이런 방법도 하루 이틀이지, 도저히 지속할 수가 없었습니다. 그러니 그때부터 장사가 곤두박질치기 시작했습니다. 남편은 일을 안 하고, 장사는 안 되고, 현실적으로 다시 어려움을 겪게 되었습니다.

그래도 재료를 사야 하니 제가 돈을 빌리러 다녀야 했습니다. 돈을 빌려 재료를 사러 영등포 시장으로 갑니다. 그 당시 저는 20대로 젊디젊은 나이였습니다. 재료 보따리를 잔뜩 머리에 이고 갑니다. 택시를 탈 돈이 없으니 버스를 탈 수밖에 없었습니다. 그 당시 영등포 시장 앞은 차량이 붐비고 매우 복잡했습니다. 사람만 타기도 힘든 판이라 짐까지 이고 탄다는 것은 보통 일이 아니었습니다.

버스를 두어 대 놓치고 나서 더는 놓치면 안 되는 상황이 오면 저는 어떻게 해서든지 버스를 타려고 머리를 굴렸습니다. 일단 사람들 위로 제 짐을 확 집어던집니다. 그리고 차가 출발하려는 순간 버스 기사에게 소리칩니다.

1. 토기장이 하나님, 나를 새롭게 빚으시다

"아저씨! 아저씨! 저기, 제 짐 있어요!"

그럼 버스 기사가 말합니다.

"뭐야! 그럼 아줌마만 타!"

이처럼 먹고 사는 문제는 저를 전투적인 사람으로 강하게 만들었습니다. 일단 차에 타면 새벽장을 보느라 힘도 들고 해서 짐 위에 털썩 앉습니다. 그 순간 슬픔과 자기연민이 확 몰려옵니다.

'내가 젊은 나이에 이렇게 살고 있다니…'

속으로 눈물이 차오릅니다. 그때 성령님이 제게 시편 23편 말씀을 주셨습니다. 저에게만 들리는 음성으로 저를 만지시고 위로해 주셨습니다.

"여호와는 나의 목자시니…"

눈물이 폭포수처럼 흘러내렸습니다. 사람들이 이상하다는 듯 모두 저를 쳐다보았지만, 아랑곳하지 않았습니다.

"주의 지팡이와 막대기가 나를 안위하시나이다."

그러다 보면 어느새 목적지에 도착했습니다. 이렇게 매일매일, 하루하루를 살아나갔습니다. 제게 주어진 과제는 하루를 사는 것이었습니다.

그런데 남편이 교회를 못 가게 했습니다. 그렇다고 장사를 열심히 하는 것도 아니었습니다. 물건도 만들어 주지 않았습니다.

'어떻게 하면 교회에 가서 기도할 수 있을까?'

다시 머리를 기울여 지혜를 짜냈습니다. 그 당시엔 돈을 빌리지 않고는 장사를 이어갈 수 없으니 돈을 빌리러 간다는 핑계를 댔습니다.

우선 일하는 삼촌에게 "나 어디 갔느냐고 하면 선배한테 돈 빌리러 갔다고 말해"라고 한 후 교회로 향했습니다. 교회에 가서 하나님께 기도하며 돈을 빌리는 것입니다.

하나님 앞에서 저는 통곡을 했습니다. 그렇게 실컷 울고 돌아오면, 그날은 신기하게 내일 재료를 살 만큼의 물건이 팔립니다. 이런 일이 반복되면서 하루하루를 살아갔습니다.

교회에 나간다고 핍박을 멈추지 않는 남편이 하루는 의자 버팀대인 스테인리스 막대를 제게 던졌습니다. 머리에 맞아 많이 찢어졌고 얼굴로 피가 철철 흘러내렸습니다. 빨리 병원에 가서 꿰매야 하는데 저는 하나님께 기도하며 하소연을 했습니다. 지금도 그때의 상처가 흉터로 남아 있습니다.

"하나님, 하나님이 갚아 주세요."

하나님만이 하실 수 있는 일이지 사람으로서는 할 수 없었습니다. 저는 그때나 지금이나 사람에게 기대하지 않습니다. 오직 나의 주군이신 하나님께만 아뢰고 기댑니다.

1. 토기장이 하나님, 나를 새롭게 빚으시다

사람은 일시적으로 도움을 줄 수 있지만, 그것으로는 제 성에 차지 않았습니다. 제겐 더 큰 것이 필요했습니다. 그래서 하나님과 담판을 짓듯 기도했습니다. 아이는 토하고 싸면서 아프고, 장사는 안 되고, 남편의 핍박은 사그라들 줄을 모르고, 여기에 크고 작은 문제들이 꼬리에 꼬리를 물었습니다. 이러한 상황에서 저는 하나님밖에는 붙들 이가 없었습니다. 하나님이 내 인생을 바꿔주셔야 했습니다.

그럼에도 불구하고

어느 날, 저는 하늘을 향해 삿대질을 하면서 따졌습니다.

"하나님, 내가 무쇠예요? 강철이에요? 제게 어떻게 그럴 수가 있어요? 이리 내려와서 저랑 이야기 좀 해요."

이렇게 하나님께 매달리고, 소리를 지르곤 했습니다.

제가 계를 타는 날을 하루 앞두고 있었습니다. 이제 계만 타면 빚을 다 해결할 수 있다는 생각을 하니 흥분이 되었습니다. 혼자 기뻐 기도를 드렸습니다.

다음 날 중국집으로 향했습니다. 옛날에는 곗날이면 중국집에 많이들 갔습니다. 중국집에 앉아 있는데 왠지 분위기가 이상했습니다. 계주가 안 나타나는 겁니다. 어떻게 된 일이냐고 했더니 계가 깨졌

1. 토기장이 하나님, 나를 새롭게 빚으시다

다는 겁니다. 하나님 앞에 다시 나아갔습니다.

"아버지, 저에게 알려주셨어야죠? 그렇지 않아도 어제 계를 탄다고 기뻐서 기도했었잖아요?"

그랬더니 성령님이 이렇게 말씀하셨습니다.

"내 딸아, 어제 너에게 알려줬더라면 네가 밤에 잠을 잘 잤겠느냐? 난 널 사랑한다. 하룻밤이라도 잠을 잘 자라고 안 알려준 거다."

"당장 갚아야 할 돈이 있는데, 이제 어떻게 해요?"
"너는 나만 신뢰하면 된다."

저는 금식기도에 들어갔습니다. 아이를 업은 채 금식기도를 하고, 매를 맞으면서 금식기도를 했습니다. 삼각산에 올라가서도 기도했고, 교회에 가서도 기도를 했습니다. 이렇게 매일매일 기도하는데 살 길은 보이지 않았습니다.

'이제 죽는 수밖에 없구나.'

저는 동네 약국을 두루 다니면서 수면제를 몇 알씩 사 모았습니다. 수면제를 50알 정도 모은 뒤에 목욕재계하고 깨끗한 옷으로 갈아입었습니다. 죽더라도 깨끗하게 죽겠다는 마음이었습니다. 그리고 소주에 약을 먹으면 쉽게 죽는다는 말을 들은지라 소주 한 병을 샀습니다. 50알을 다 못 먹고 30알 정도를 먹었습니다. 그리고 이불을 덮고 누웠습니다.

그런데 잠도 안 오고 죽지도 않고, 아무런 변화가 없었습니다.

'왜 안 죽을까? 죽어야 하는데….'

잠시 후 애들 아빠가 들어왔습니다. 제가 나올 시간에 안 나오니까 데리러 온 것입니다. 저를 발로 툭툭 차면서 소리쳤습니다.

"뭐 해? 빨리 안 나오고!"

저는 아무 말 없이 손가락으로 탁자 위를 가리켰습니다. 거기엔 유서도 있고, 소주병도 있고, 약봉지도 있었습니다.

"아니, 뭐 하는 짓이야? 빨리 나오잖고?"

그 상황에서는 더 누워 있기도 어색하고 난감해서 일어났습니다. 그리고 속으로 계속 생각했습니다.

'왜 안 죽지? 왜 안 죽은 걸까?'

어떻게 된 일인지 알아보기 위해 나중에 약국에 가서 물어보았습니다.

"저에게 무슨 약을 준 거예요?"

"영양제랑 소화제."

약사도 낌새를 눈치챘던지 수면제 대신 엉뚱한 것들을 내준 것입니다.

1. 토기장이 하나님, 나를 새롭게 빚으시다

이렇게 해서 저의 음독자살 시도는 해프닝으로 끝나고 말았습니다.

사실 저의 친정아버지가 자살하셨습니다. 그리고 저 또한 제 인생에 세 번이나 자살 충동을 받고 실행에 옮겼습니다. 첫 번째는 학교 다닐 때였고, 이때가 두 번째였습니다.

가문에 자살을 한 사람이 있다면 가계력을 살펴보고 그 충동을 물리치는 기도를 해야 합니다. 저는 그토록 기도를 많이 하면서도 어떤 어려움에 닥치면 제일 먼저 떠오르는 생각이 '죽고 싶다'였습니다. 그리고 그 생각은 실제 행동으로 이어졌습니다.

그런데도 하나님은 제게 신유 은사를 주셨습니다. 어느 날 기도 줄이 잡혀 열심히 기도하고 있는데 어느 권사님이 말을 걸어왔습니다.

"김 집사님, 나 여기 아픈데 기도 좀 해줘요."

그런데 제 문제가 워낙 많다 보니 저로서는 기도해 줄 여력이 없었습니다. 그러자 그분이 제 손을 끌어 본인의 아픈 데다 얹었는데 치료가 되었습니다. 그리고 그분은 자기가 치료받은 이야기를 동네방네 소문을 퍼뜨렸습니다.

"김 집사가 매일 밤 12시가 되면 와서 기도하는데, 와 보세요. 김 집사는 안수를 좀 이상하게 하더군요."

그랬더니 초신자들이 막 몰려왔습니다. 먹을 것도 싸들고 와서 자기네끼리 한쪽에 모여 앉아 먹으며 제게 말했습니다.

"김 집사님은 기도하세요, 기도하세요."

저는 권사님 말대로 주변 상황을 개의치 않고 계속 기도했습니다. 그럼 그분들은 제가 기도 불이 붙을 때까지 기다리며 지켜보다가 권사님이 주동자처럼 말합니다.

"됐다! 불붙었다. 가서 김 집사 손 붙잡아서 아픈 곳에 대요."

그러면 사람들이 제 오른쪽 왼쪽으로 줄을 서서 제 손을 붙들어 아픈 곳에 댑니다. 한 사람이 너무 오래 있어도 안 됩니다. 자기네끼리 빨리 비키라고 난리입니다. 그런데 신기하게도 정말 제 손을 갖다 대면 방언이 터지기도 하고, 병자가 낫기도 하는 겁니다.

어느 날, 한 분이 관절이 안 좋다며 기도를 부탁했습니다. 그런데 제가 그분을 보니, 뱀이 똬리를 틀고 대가리를 위로 바싹 쳐들고 있는 것이 보였습니다. 그것을 보는 저로서는 그 뱀을 없앨 수밖에 없었습니다. 그래서 냅다 뱀을 두드려댔습니다. 그랬더니 아프다는 부위가 시커멓게 되었습니다. 그리고 아프던 것이 싹 나았습니다. 이렇게 제가 안찰 은사를 받았음을 알게 되었습니다.

1. 토기장이 하나님, 나를 새롭게 빚으시다

실수는
내 인생의 멘토

　은사를 받고 영의 눈을 뜨게 되니까 남들이 보지 못하는 것들을 보게 되었습니다. 심방을 가면 그 집에 뱀도 보이고, 구렁이 귀신도 보이고 하니까 한 전도사님이 심방할 때마다 저를 데리고 다녔습니다. 그분은 해석의 은사를 받으신 분이었습니다. 저는 기도를 하고 보이는 것을 이야기할 수는 있지만, 해석은 할 줄 몰랐습니다.

　예컨대 제가 누군가에게 손을 얹으면 그분이 묻습니다.

　"김 집사님, 뭐가 보입니까?"

　"십자가가 보입니다."

　그러면 그분은 "당신은 사명자입니다" 하는 식으로 해석을 해주었습니다.

제 형편은 여전히 어렵고 달라진 것도 없었지만, 심방만 간다고 하면 신바람이 나서 열 일을 제쳐두고 따라나서곤 했습니다.

어느 날, 각혈하는 간암 환자 집에 심방을 갔습니다. 우리가 전도한 초신자 집이었습니다. 그 집에 들어가니 뭔가 시커먼 것 둘이 와서 앉아 있었습니다. 제가 기도를 하는데 '3일 만에 살아나리라' 하는 감동이 왔습니다.

한 전도사님이 저에게 물었습니다.
"아기 엄마, 어떻게 될 것 같아요?"
"아, 살아납니다."
"그래요? 언제 살아날까요?"
"3일 후에 살아날 거예요."

저는 영적 교만에 가득 차서 성전에 가서 기도했습니다.
"오, 하나님, 감사합니다. 3일 만에 살아나게 해주셔서 감사합니다."
그런데 사모님이 기겁해서 저를 쫓아와 물었습니다.
"김 집사님, 진짜 하나님이 살아난다고 했어요?"
"네, 진짜요. 살아난다고 했어요."
"진짜요?"
"네, 진짜 그랬다니까요."

1. 토기장이 하나님, 나를 새롭게 빚으시다

정말 살아났을까요? 아닙니다. 그분은 3일 만에 돌아가셨습니다. 영적으로 살아난다는 것을 제가 잘못 해석한 것입니다. 영육 구분을 못 한 것입니다. 그러나 이러한 실수가 제 인생에 교훈이 되었습니다. 실수를 통해서 하나하나 배워갈 수 있었기 때문입니다. 그리고 신학교를 다니면서 체계적으로 배울 장을 마련해 주셨습니다.

교회에서는 여선교회 회장을 맡았기 때문에 모임이라도 있을 때는 밥만 해놓으라 하고 반찬은 모두 제가 준비해 갔습니다. 기도하고 성경 읽고 전도하는 것은 기본이고, 아이를 키우며 가정을 돌보고, 사업도 지속하고, 핍박하는 남편을 견뎌내야 하니 몸이 둘이라도 모자랄 지경이었습니다.

나눔의 삶

'오는 게 있어야 가는 게 있다.'

이것은 세상의 원리입니다.

그러나 재물을 따라 살지 말아야 할 그리스도인들에게는 '가는 게 있어야 오는 게 있다'라는 법칙이 적용됩니다. 이것은 열두 바구니의 기적과도 맞물려 있습니다. 주머니를 풀어 놓아야 합니다. 열어 놓으면 하나님이 다시 채워주십니다. 주머니를 풀지 않고 꽉꽉 여며 놓으면 언젠간 구멍이 생겨 솔솔 빠져나가든지, 좀이 슬어 다 버리게 됩니다. 나누고 예수님 손 위에 올려놓으면 풍족하게 사용하고도 남은 것이 열두 바구니가 되는 기적의 역사가 일어납니다.

나 혼자 먹고살겠다는 것은 어리석기 그지없는 생각입니다. 제 삶

1. 토기장이 하나님, 나를 새롭게 빚으시다

의 여정에 있어서 구제와 나눔은 빼놓을 수 없는 사역입니다. 작은 예로 김치를 담글 때마다 우리 것, 목사님 것, 친구 것, 이렇게 세 통씩 담갔습니다. 또 명절이 되면 여러 가지 선물이 들어옵니다. 그럼 일단 모두 받습니다. 그다음에는 뒤로 다 나누어 줍니다. 그러면 그게 다시 돌아서 제게 옵니다.

신학교 훈련 때 잘 아는 분의 집에 갔습니다. 베란다에 사과가 상자로 썩어나고 있었습니다. 당시 우리는 시장에서 고등어 대가리를 얻어다가 주운 배추 시래기를 넣어 지져 먹는 형편이었습니다. 돌아오는 길에 눈물을 흘렸습니다. 저는 마지막 쌀을 바치는데 그 집은 밥을 마구 버리고 있었습니다.

'나는 절대 저러지 말아야지.'

그날 이후로 누누이 강조합니다. 주일날에도 교회에서 음식을 못 버리게 합니다.

"음식을 절대 버리지 마세요. 버리면 하나님께 벌 받습니다."

언젠가 제가 누군가에게 돈을 빌려준 적이 있습니다. 그런데 기도하는 중에 성령님이 탕감해 주라고 말씀하셨습니다. 그 음성에 순종했기에 망정이지 안 그랬더라면 정말 좋은 친구를 잃을 뻔했습니다. 빚을 탕감해 준 사람 가운데 한 사람에게 저를 위해 평생 기도해 줘야 한다고 말했는데, 그분은 지금까지 저를 위해 기도해 주고 있습니다.

2.
나는 무익한 자

오네시모에게서
나 자신을 발견하다

"갇힌 중에서 낳은 아들 오네시모를 위하여 네게 간구하노라 그가 전에는 네게 무익하였으나 이제는 나와 네게 유익하므로 네게 그를 돌려보내노니 그는 내 심복이라" 빌레몬서 1:10-12

위 말씀을 통해 변화된 제 모습, 그야말로 인생이 바뀐 제 모습을 확인할 수 있습니다. 빌레몬서는 빌레몬에게 보내는 편지로서, 단 한 장밖에 없습니다. 바울 서신 가운데 가장 짧고 또 사적인 성격이 상대적으로 강합니다. 바울은 이 편지를 옥에서 썼습니다. 빌레몬서의 주된 내용은 오네시모라는 노예를 죽이지 말고 용서하라는 바울의 간청입니다.

오네시모는 빌레몬의 종이었는데, 주인의 재산 일부를 훔쳐서 로마로 달아났습니다. 로마에서는 신분을 숨기는 일이 어느 정도 가능했던 것 같습니다.

그 당시 노예들에겐 모두 낙인을 찍었습니다. 낙인이 찍힌 노예가 다른 지역으로 도망할 경우, 그를 죽여도 항의를 할 수 없습니다. 노예는 주인의 재산이었기에 노예를 죽이고 살릴 권한이 주인에게 있었습니다. 심지어 황제도 주인의 동의 없이는 노예에 대해 이래라저래라 할 수 없었습니다. 이러한 노예가 다른 지역으로 도망까지 갔으니 그를 죽이더라도 할 말이 없습니다. 이것이 바로 본문에 등장하는 오네시모가 처한 상황입니다.

그런데 오네시모가 옥에서 복음을 전하던 바울을 만나게 됩니다. 그리고 회심한 후 바울의 손과 발이 되어 그를 돕고 수종 들었습니다. 바울은 이러한 오네시모가 그냥 죽도록 내버려 둘 수 없었습니다. 그래서 오네시모를 주의 사랑으로 용서하고 받아달라는 편지를 빌레몬에게 보낸 것입니다.

또한 빌레몬은 경제적으로 여유가 있었던 것으로 추정됩니다. 빌레몬은 골로새 출신이고, 당시 골로새는 교통의 요지로 무역과 경제의 중심지였습니다. 그래서 사도 바울이 그 집에 기거하기도 했던 것 같습니다. 바울은 빌레몬의 집에서 가정교회를 엽니다.

본문에 등장하는 오네시모에게서 저는 저의 모습을 보았습니다. 예수를 믿고 완전히 운명이 바뀌었기 때문입니다.

하나님은 뜻하지 않은 곳에서 우리 인생을 완전히 바꿔놓는 만남을 허락하십니다. 오네시모에게 있어서 바울과의 만남은 아주 귀한 축복입니다. 원래 오네시모(Onesimus)는 '유익한'이라는 의미를 지니고 있습니다. 오네시모는 자기 이름에 걸맞게 평생 바울을 충직하게 섬겼습니다. 바울에게 오네시모는 아주 귀한 존재였습니다. 또한 오네시모는 소아시아를 포함한 여러 지역에 바울의 서신을 전달했습니다.

목회자이건 평신도이건 빌레몬서를 꼼꼼하게 정독할 필요가 있다고 생각합니다. 빌레몬서는 설득에 관한 책이기 때문입니다. '사람을 어떻게 설득할 것인가?'라는 질문에 대한 답을 빌레몬서에서 찾을 수 있습니다. 사도 바울이 어떻게 빌레몬을 설득하는지 그 과정을 살펴보겠습니다.

우선 사도 바울은 빌레몬에게 편지를 보냅니다. 편지의 서두인 1-7절에서는 안부를 전합니다. 제 방식대로 풀어보자면 아마 "빌레몬, 그동안 수고가 많구나. 아직도 너희 집에서 가정교회를 잘하고 있느냐? 또 자녀들도 잘 지내고?" 하는 식으로 일상적인 인사말을 전합니다. 그다음엔 그동안 수고했던 것들, 현재 하는 일에 대해 격려와 칭찬을 해줍니다. 절대 칭찬에 인색해서는 안 됩니다.

듬뿍 칭찬한 후에 부탁합니다. 사실 바울은 굳이 부탁할 필요 없이 당당하게 명령을 할 수도 있는 위치에 있었습니다(8절 참조). 그것은 꼭 연장자이기 때문만은 아니었습니다. 그러나 바울은 빌레몬에게 명령조로 말하지 않았습니다. 대신 우리의 사랑 때문에 간청한다고 말합니다(9절 참조). 아주 겸손한 자세로 부탁을 한 것입니다.

그리고 자신의 어려운 형편을 은근히 피력하면서 동시에 반박할 수 없는 이유를 제시합니다. 이를테면 '바울 자신은 나이가 들었기 때문에 누군가 옆에 있어야 한다, 그가 바로 오네시모'라고 합니다. 오네시모는 바울이 갇혀 있는 동안에 얻은 아들이라고 말합니다. 이러한 바울의 필력은 정말 대단하여 감탄하지 않을 수 없습니다. 저는 바울 서신을 읽을 때마다 '필력'에 감탄하면서, 저에게도 그러한 능력을 주시기를 기도합니다.

제가 사역을 하면서 느끼는 점은, 말귀를 잘 알아듣지 못하는 사람들이 참 많다는 사실입니다. 즉 뭐가 핵심인지 이해하지 못한다는 것입니다. 빌레몬서의 경우, 바울이 서신을 쓴 진짜 목적은 10-12절에 다 담겨 있습니다. 바울은 이 말을 하기 위해 앞뒤로 장식을 합니다. 부드럽게 에둘러 이야기를 하는 것입니다. 저도 이러한 방식으로 제 속마음을 전할 때가 있는데, 듣는 사람들은 제가 진짜 원하는 것이 무엇인지 감지하지 못할 때가 종종 있습니다. 그때마다 안타깝습니다. 그래서 저는 여러분에게 경청의 축복을 하고 싶습니다. 여러분이 누군가와 대화를 하거나 성경을 읽을 때 핵심을 놓치지 않기를 바랍니다.

우리 민족의 문화 특성상 완곡어법을 많이 사용하지만 직설화법이 아니면 오해를 하거나 못 알아들을 때가 종종 있습니다. 한 가지 예를 들자면, IMF 외환위기 때 캉드쉬 IMF 총재가 한국을 방문해서 김영삼 대통령과 김대중 대통령 당선인을 만난 적이 있습니다. 그 당시 한국 경제에 대해 언급을 했는데, 부드럽게 우회적으로 말을 하니까 우리나라 정부에서 그 심각성을 제대로 이해하지 못했습니다.

다시 오네시모의 이야기로 돌아가면, 바울은 오네시모를 "갇힌 중에서 낳은 아들"이라고 말합니다. 종도 아니고, 친구도 아니고, '아들'이라고 말했습니다. '아들'이라는 단어만큼 오네시모의 입지를 확고하게 세우는 말은 없을 것입니다. 빌레몬의 입장에서 볼 때, 바울이 자기의 영적 아들이라고 하는 오네시모를 어떻게 자기 맘대로 대하겠습니까? 어떻게 바울의 청을 거절하겠습니까?

그뿐 아니라 오네시모가 전에는 무익했지만, 지금은 바울 자신에게뿐만 아니라 빌레몬에게 유익할 것이라고 말합니다. 빌레몬에게 돌아가는 오네시모는 바울의 심복과 같은 위치입니다. 심복에게는 자신의 모든 비밀도 토로하지 않습니까? 그러니 빌레몬이 어떻게 오네시모를 함부로 대하겠습니까?

그리고 오네시모가 잠시 빌레몬을 떠난 것은 앞으로 영원히 빌레몬 곁에 있게 하기 위해서였다고 말합니다. 그리고 앞으로는 오네시모를 종 이상으로, 즉 사랑받는 형제로 곁에 두라고 당부합니다. 바울 자신에게 그처럼 소중한 존재이니 빌레몬에게 있어서도 인간적인 시각에서든, 하나님의 시각에서든 소중하지 않겠느냐고 말하는 것입니다(16-17절 참조).

마침내 오네시모의 신분은 노예에서 빌레몬의 형제로 바뀝니다. 그 후 오네시모는 초대교회의 교부가 됩니다. 이보다 더 큰 축복이 어디 있겠습니까?

18-19절 말씀은 한마디로 과거를 깔끔하게 잊어 주라는 것입니다. 오네시모가 빌레몬에게 잘못한 것이 있거나 빚진 것이 있으면 그 모든 책임을 바울 자신에게 돌리라고 말합니다. 그리고 바울은 거기에서 그치지 않고, 빌레몬 역시 바울에게 빚진 것이 있다는 것을 상기

시킵니다. 서로 탕감해 주듯이 말끔하게 끝내자는 뜻입니다.

바울은 여기에서 그치지 않습니다. "오 형제여 나로 주 안에서 너로 말미암아 기쁨을 얻게 하고 내 마음이 그리스도 안에서 평안하게 하라"(20절)고 당부합니다. 또 빌레몬이 바울의 말을 따를 것을 확신한다고 말합니다(21절 참조). 그리고 마무리 인사로 깔끔하게 서신을 마무리합니다. 이것이 빌레몬서의 전체 맥락입니다.

빌레몬서에 나타난 사건이 저에게도 일어났습니다. 저도 오네시모와 같이 전에는 '무익한 자'였습니다. 그런데 하나님 안으로 들어와 '유익한 자'가 되었습니다.

범사에
그를 인정하라

"너는 범사에 그를 인정하라 그리하면 네 길을 지도하시리라" 잠언 3:6

저는 말씀과 기도에 열정적으로 몰입했습니다. 그리고 성령님을 제 멘토로 삼았습니다. 청바지가 찢어질 정도로 기도하면서 성령님이 인도하시는 대로 따라갔습니다. 제가 예수님을 믿는 목적은 뚜렷했기 때문입니다. 저는 성경책을 그대로 순수하게 믿습니다. 또 성령님도 전적으로 믿습니다.

또한 하나님께 예물을 드리는 일에 절대 인색하지 않았습니다. 이를테면 교회에 필요한 기물들을 일체 책임지기도 하면서 헌금 또한 아끼지 않고 했습니다. 굳이 계산하자면 집 몇 채를 바쳤을 겁니다.

그러다 보니 헌금 때문에 진 빚도 많았습니다. 그렇지만 하나님이 다 갚아주셨습니다. 그 후 저는 천 배가 넘는 복을 받았습니다.

그 당시에 저는 신학교에 다니면서 개척을 어떻게 할까 생각하고 있었습니다. 그때 제가 섬기는 교회에서 부흥회를 하게 되었습니다.

부흥 강사님마다 특징적인 스타일이 있는데, 그분 스타일은 집회 도중 임의로 사람을 지목하면서 "거기, 200만 원!", "300만 원!", "500만 원!"이라고 정해주시는 것이었습니다. 제가 첫 번째로 강사 음식 대접을 했습니다. 그리고 집회 때 맨 앞에 앉았습니다. 그랬더니 강사님이 저를 보며 이렇게 외치셨습니다.

"거기, 아까 밥 산 사람!"

제가 놀라며 "네"라고 대답하자 이렇게 말씀하시는 겁니다.

"500만 원!"

저는 "아멘!" 하고 대답했습니다.

그 당시(약 35년 전) 500만 원이면 아주 큰돈입니다. 그때 저는 보증금 200만 원에 35만 원 월세를 살고 있었습니다. 게다가 저에겐 이미 친구에게 천만 원 이상의 빚이 있었습니다. 모두 헌금하느라 빌린 돈이었습니다. 그런데 강사님이 매시간 묻는 것이었습니다.

"김 집사님! 헌금 가져왔습니까?"

저는 친구에게 전화를 걸어 돈 한 번만 더 빌려달라고 부탁했습니다. 그랬더니 친구가 "야, 너 이제 그만해. 너 너무 많이 했어"라고 하며 빌려줄 돈이 없다고 말하는 것입니다. 하는 수 없이 저는 하나님께 매달렸습니다.

"하나님, 어떡할까요? 저 이 헌금 꼭 하고 싶어요."

저는 신체의 일부라도 팔아 헌금을 하고 싶었습니다. 만일 판다면 어느 부위를 팔아야 할까? 팔을 자르면 목사가 되었을 때 축도하기가 힘들 것이고, 다리를 자르면 성령 춤을 추기가 곤란할 것 같고….

'아! 눈은 두 개니까 하나를 빼도 괜찮겠구나.'

그래서 저는 진짜 한강성심병원으로 갔습니다. 가서 눈을 팔러 왔다고 말했습니다. 그랬더니 거기서는 안 되고 명동성당으로 가보라고 했습니다. 그 말을 듣고 난 후 화장실로 갔습니다.

"하나님, 저 눈 팔려고 여기까지 왔어요. 제게 500만 원 없잖아요. 없는데 자꾸 헌금을 하라고 그러니 제 눈이라도 팔려고 왔어요."

그때 화장실에 불이 확 떨어지면서 "내가 이미 받았다" 하시는 겁니다. 그 말에 저는 눈물을 펑펑 쏟고 자신감에 가득 차서 돌아왔습니다.

드디어 집회가 시작되고, 헌금시간이 돌아왔습니다. 부흥 강사님이 또 물으셨습니다.

"김 집사님, 500만 원 갖고 왔습니까?"

저는 차분하게 답했습니다.

"주께서 아시나이다."

그리고 가만히 앞에 앉아 있었습니다.

다음 시간에 또 물었습니다.

"저기, 김 집사님. 500만 원 갖고 왔습니까?"

이러다 보니 그분과 저 사이에 마치 기 싸움이라도 하는 형국이 되어버렸습니다. 그분은 시간마다 묻고, 저는 매번 "주께서 아시나이다"라고 답했으니 말입니다. 어찌어찌해서 집회가 끝났지만, 끝까지 남은 사람은 몇 명 되지 않았습니다. 다 떨어져나간 것입니다. 그런 식으로 부흥회를 하니 무슨 부흥이 되겠습니까?

그럼에도 저는 나중에 제가 작정한 헌금을 다 했습니다.

그런데 이 집회가 제 인생에 있어서 행운이 되었습니다. 이를 계기로 개척을 결심하게 되었기 때문입니다. 일단 이사를 해서 방에서 개척하기로 마음먹었습니다. 이사할 곳을 신정동 신토리 쪽으로 정하고 기도를 했지만, 돈이 없었습니다.

"하나님, 빈방 하나 주세요."

그리고 굳이 돌아다니지 않았습니다. 기도의 잔이 차면 하나님이 길을 확 열어주시기 때문입니다.

제 마음에 '지금 나가면 된다'는 확신이 들었습니다. 그래서 부동산으로 가서 빈방이 있는지 물었습니다. 마침 빈방이 나왔습니다. 곧장 이사하려고 짐을 모두 밖에 내놓았습니다. 그런데 그 짐들을 엿장수가 와서 플라스틱 나부랭이 몇 개 빼고는 다 가지고 가버렸습니다. 스테인리스 대야와 수저까지 그렇게 싹 쓸어가 버리니 나를 짐이 없었습니다. 당시 그곳은 지하철 기지가 들어온다 해서 철거지였습니다. 감사하게도 하나님이 내 일손을 덜어주시려고 다 가지고 가게 하신 것입니다.

"옛것은 지나고 새것이 되었도다!"
저는 하나님께 감사했습니다.

모두 잃어버리고 난 후 그릇이고 뭐고 살 생각도 안 했지만, 하나님이 새것으로 다 채워주셨습니다.

하늘로부터의
한 음성

"내게 능력 주시는 자 안에서 내가 모든 것을 할 수 있느니라" 빌립보서 4:13

늘 그랬듯이 남편은 출근하면서 한마디 툭 던졌습니다.
"이제, 여기 더는 살지 마라."
그리고 이런저런 욕설과 함께 주먹을 날렸습니다. 오른쪽 왼쪽 가리지 않고 날아드는 주먹에 제 눈은 시퍼렇게 멍이 들고 엉망진창이 되어버렸습니다. 그렇지만 집에만 있는 것도 내키지 않고, 그렇다고 사람을 만나러 나가는 것도 그렇고 난감했습니다. 잔뜩 비참한 마음이 들었지만, 선글라스를 끼고 삼각산 기도원으로 향했습니다. 서울에는 감람산 기도원을 포함하여 몇몇 기도원이 있었기에 참 좋

앉습니다.

　삼각산에 올라간 저는 커다란 나무둥치를 붙잡고 기도하기 시작했습니다. 제 속에 쌓여 있고 맺혀 있던 설움과 울분이 절규와 함께 분출되기 시작했습니다. 그렇게 울분을 토해내며 눈물로 기도를 하고 있을 때, 하늘에서 비가 후드득 떨어졌습니다. 비가 오자 기도하던 사람들이 "비 와요! 빨리 내려가요!" 외치며 자리를 떴습니다. 그러나 제게는 비가 오는 것이 오히려 잘된 일이었습니다.
　'그래, 하늘이 우니 나도 울자.'
　그러면서 나무를 붙잡고 막 몸부림을 쳤습니다. 어찌나 난리를 쳤던지 그 큰 나무가 뿌리째 흔들리는 느낌마저 들었습니다. 그 순간 하늘로부터 한 음성이 들려왔습니다.
　"너는 할 수 있다."
　"너는 될 수 있다."
　"너는 이룰 수 있다."
　"하면 된다."

　이 네 마디 말씀이 크게 메아리쳤습니다. 아니, 이 음성은 여느 메아리를 능가했습니다. 메아리처럼 울리는 것이 아니라 우렁찬 함성 같았습니다. 그 후 이 말씀은 제 인생의 모토가 되었습니다.

2. 나는 무익한 자

내게 능력 주시는 자 안에서, 모든 걸 할 수 있습니다. 그러나 오로지 그분 안에 있어야만 합니다. 그분 안에 있을 때 우리는 모든 것을 할 수 있습니다. 제가 사명의 부르심을 받을 때 저에게 주신 말씀이 시편 37편 4절 말씀과 로마서 12장 1절 말씀입니다.

"또 여호와를 기뻐하라 그가 네 마음의 소원을 네게 이루어 주시리로다" 시편 37:4

"너희 몸을 하나님이 기뻐하시는 거룩한 산 제물로 드리라" 로마서 12:1

저는 지금까지 살아오면서 어떤 분별을 해야 할 때, 늘 이 두 말씀을 축으로 삼았습니다.
'이것이 과연 여호와를 기쁘게 하는 일인가? 나도 이웃도 모두 기쁘게 하는 일인가?'
늘 이것을 먼저 생각했습니다. 여호와를 기뻐하면 소원을 이루어 주신다고 하셨잖습니까? 여기에 한 말씀을 덧붙이자면 디모데전서 1장 12절 말씀입니다.

"나를 능하게 하신 그리스도 예수 우리 주께 내가 감사함은 나를 충성되이 여겨 내게 직분을 맡기심이니."

이 말씀처럼 저를 능력 있게 하신 분은 하나님이십니다. 제가 잘나서 행한 것이 절대 아닙니다. 그래서 늘 하나님께 감사하지 않을 수 없습니다. 저는 이 구절만 생각하면 늘 눈물이 납니다. 왜냐하면 충성되지 못한 저를 충성되게 여겨주셨기 때문입니다. 무익한 저에게 천사도 흠모하는 귀한 직분을 주셨기 때문입니다. 제게 있어 사명은 생명입니다.

"할 수 있거든이 무슨 말이냐 믿는 자에게는 능히 하지 못할 일이 없느니라" 마가복음 9:23

그뿐 아니라 성령님은 제게 참아내는 법, 견디는 법, 이기는 법을 가르쳐주셨습니다. 그 비법은 바로 사랑이었습니다. 사랑만 하면 다 해결되었습니다. 물론 제가 남편을 온전히 용납해서 사랑할 수는 없었지만 견뎌낼 수는 있었습니다. 왜냐하면 저는 제 아이들을 사랑하니까요, 또 주님을 사랑하니까요. 주님을 신랑 삼아서 사랑으로 제 앞의 상황들을 헤쳐나갈 수 있게 된 것입니다. 이렇게 저는 하나님의 놀라운 위로의 말씀을 붙들고 그 자리를 떠났습니다.

장기 금식을 끝내면서 또다시 30일 장기 금식을 했습니다. 제가 할 수 있는 건 금식밖에 없었기 때문입니다. 그 과정에서 정말 감사하게도 하나님은 돕는 자들을 붙여주셨습니다. 그리고 순식간에 2억이 넘는 돈이 들어오게 되었습니다. 그렇게 오금이 저린 채 오금동으로 가게 되었습니다.

"보라 내가 너를 연단하였으나 은처럼 하지 아니하고 너를 고난의 풀무 불에서 택하였노라" 이사야 48:10

"주의 법을 사랑하는 자에게는 큰 평안이 있으니 그들에게 장애물이 없으리이다" 시편 119:165

너를 고난의 풀무 불에서 택하였노라

"보라 내가 너를 연단하였으나 은처럼 하지 아니하고 너를 고난의 풀무 불에서 택하였노라" 이사야 48:10

"네 하나님 여호와께서 이 사십 년 동안에 네게 광야 길을 걷게 하신 것을 기억하라 이는 너를 낮추시며 너를 시험하사 네 마음이 어떠한지 그 명령을 지키는지 지키지 않는지 알려 하심이라" 신명기 8:2

"네 조상도 알지 못하던 만나를 광야에서 네게 먹이셨나니 이는 다 너를 낮추시며 너를 시험하사 마침내 네게 복을 주려 하심이었느니라" 신명기 8:16

하나님은 우리에게 광야 길을 열어주십니다. 그래서 혹독한 과정을 지나게 하십니다. 또 우리 마음이 하나님 안에 있는지 없는지 우리 마음을 테스트하십니다.

대다수 사람이 무슨 병을 고침 받았다, 교통사고가 났는데 죽었다가 살아났다, 창자를 3분의 1이나 잘라냈다, 폐를 다 잘라냈다 하면서 하나님이 베푸신 기적과 은혜를 전합니다. 그때마다 저는 생각에 잠겨 있다가 하나님께 묻습니다.

"하나님, 저는 도대체 뭔가요? 저에게는 왜 저렇듯 특별한 간증거리가 없을까요? 제게도 특별한 것이 있으면 좋겠습니다. 저도 어딘가 아파야 합니까?"

그런데 그때마다 성령님은 저한테 똑같은 말씀을 주셨습니다. 바로 이사야서 48장 10절 말씀입니다. 제가 칠보산 기도원에 들어가 장기 금식을 하면서 성경을 읽는데, 이 말씀을 대하는 순간 마치 망치에 한 대 맞은 것 같았습니다. 내가 너를 연단하였다는 말씀, 은처럼 곱게 다루지 않았다는 것입니다.
또 이런 말씀도 있습니다.

"내 고초와 재난 곧 쑥과 담즙을 기억하소서" 예레미야애가 3:19

"사람이 여호와의 구원을 바라고 잠잠히 기다림이 좋도다 사람은 젊었을 때에 멍에를 메는 것이 좋으니" 예레미야애가 3:26-27

"그대의 입을 땅의 티끌에 댈지어다 혹시 소망이 있을지로다" 예레미야애가 3:29

제가 사명 때문에 하나님 앞에서 몸부림칠 때 명확하게 주셨던 말씀입니다. 그대의 입을 땅에 티끌에 대라는 말씀은 말하지 말라는 뜻입니다. 입을 열면 티끌이 입속에 들어오기 때문입니다. 또 멍에를 메었으니 아무 말 않고 가만히 있으면 좋은 일이 생긴다는 말씀입니다. 제가 하나님 앞에 항의를 할 때마다 이런 말씀들이 제게 감동으로 다가왔습니다. 그리고 그 말씀들은 정말 하나님이 저에게 주시는 것이라고 믿고 굳게 붙잡았습니다.

우리가 성령의 음성을 듣게 될 때, 가볍게 들으면 안 됩니다. 또 기도하는 사람들이 들려주는 말들 역시 귀 기울일 필요가 있습니다. 그 말들을 청종하고 가슴에 새기면 어려운 일들이 비켜갑니다. 비켜서 지나가는 것입니다.

저는 이 말씀 앞에 그냥 고꾸라졌습니다. 무릎 꿇고 자복한 것입니다.

"알겠습니다. 주님께서 제 걸음걸음을 인도하셔서 원하시는 모양대로 저를 인도해 주소서."

부모와 형제자매, 친지, 선후배, 그 누구도 모르게 광야의 길을 지날 때가 있습니다. 그렇게 광야길을 지나갈 때 '도대체 내가 왜 이 일을 겪는 거지?'라고 자문하게 됩니다. 그런데 성경은 제가 그 길을 걸어야 한다고 말합니다. 광야길은 축복으로 가기 위한 예정된 코스입니다. 하나님이 예정 속에 저에게 주시기로 한 축복이 있는데, 그 복을 마침내 받게 하시기 위해서 우리에게 그 광야길을 지나가게 하시는 것입니다.

은을 세공하는 자들을 보면 아주 곱고 세심하게 은을 다룹니다. 불순물이 들어가지 않게끔 정결하게 다룹니다. 그런데 하나님은 저를 그런 식으로 곱게 다루지 않으셨습니다. 고난의 풀무불에 넣으셨습니다. 풀무불은 모든 걸 불태워버립니다. 풀무는 정신없이 막 돌아갑니다. 함부로 다루시는 것입니다. 그러나 욥기서의 말씀처럼 이러한 시련 속에서 순금처럼 나오게 됩니다.

"내가 가는 길을 그가 아시나니 그가 나를 단련하신 후에는 내가 순금 같이 되어 나오리라" 욥기 23:10

제가 스물여덟 살이 되던 해에, 이전에 첫 개척지로 정한 신정동 신토리 갓길에 있는 오래된 집으로 이사를 하였습니다. 빈집이라고 하니까 가보지도 않고 이사를 한 것입니다. 또 그 집에 다락방이 있다는 말에 솔깃했습니다. 어차피 짐도 다 엿장수에게 도둑맞고 옮길 것도 없었으니 홀가분하게 갔습니다. 방이 어찌나 작은지 네 식구가 포개져서 자야 했습니다.

아이들이 어릴 때 개척하여서 한 아이는 새마을 유아원에 보내고, 한 아이는 초등학교를 일곱 살에 보냈습니다. 저는 매일 아침 아이들을 보낸 후에는 집 청소를 했습니다. 집 청소라고 하지만 단칸방이라 청소할 것도 없었습니다. 그리고 10시가 되면 다락에 올라가 기도를 했습니다. 저의 그 유명한 따발총 기도로 "랄랄랄라" 하면서 방언 기도를 쏟아냈습니다.

그런데 저는 그 소리가 바깥까지 새나갈 줄 몰랐습니다. 온 동네 사람들이 다 지나다니는 길이다 보니 지나가는 사람마다 제 기도 소리를 듣고 놀랐던 것입니다. 교회 다니는 사람들조차 이해를 못하는 그런 기도였습니다.

사람들 눈에 저는 완전 사이비였습니다. 그래도 아랑곳하지 않고 땀이 흐를 정도로 열심히 기도했습니다. 그러다 보면 몸에 진동이 왔습니다. 그렇게 야단법석을 떨며 기도를 하는데, 갑자기 두 다리가 밑으로 쑥 빠진 적도 있습니다. 오래된 집인 데다 대들보에 걸린

베니아판이 썩어 그만 푹 꺼진 것입니다.

그렇게 기도를 마치고 난 뒤에는 성경을 읽었습니다. 그리고 1시부터 6시까지는 신학교에 가서 공부하고 훈련을 받았습니다. 6시에 돌아와 아이들 밥을 먹이고 정리하다 보면 9시가 되었는데, 그때부터 다시 성경을 읽었습니다. 그런데 방이 하나뿐이어서 방에서는 할 수가 없었습니다. 그런데 부엌에서 방으로 들어오는 곳에 부뚜막 같은 것이 하나 있는데, 딱 한 사람이 앉을 수 있는 공간이었습니다. 그곳에 앉아 겨울에는 연탄을 피워놓고, 여름에는 선풍기를 켜고 앉아 성경을 보았습니다.

에어컨 같은 것이 없을 때니 여름이면 너무 더워서 세숫대야에 물을 떠놓고 선풍기를 켰습니다. 그래도 워낙 더우니까 다리에 땀띠가 나고, 그것이 헌데(부스럼 또는 종기를 일컫는 경상도 사투리)가 됩니다. 무릎 뒤 접히는 곳에 염증이 생깁니다. 속도 모르고 이웃 사람들은 저에게 매일 신선놀음한다고 말합니다. 그러든지 말든지 저는 동네 아줌마들과 이야기할 시간이 없었습니다. 일과가 꽉 차 있고, 엄청 바빴기 때문입니다. 그야말로 기계처럼 움직였습니다.

신정동 시대
- 3평 크기 방에서 개척하다

"길과 산울타리 가로 나가서 사람을 강권하여 데려다가 내 집을 채우라" 누가복음 14:23

제 나이 스물여덟 살이 되던 2월, 토요일 2시, 신정동의 세 평 남짓한 방에서 개척을 했습니다. 저는 일찍 목회에 부름을 받은 셈입니다. 작디작은 방에서 하나님과 저, 단둘이서 기도원 설립예배를 드렸습니다. 기도원 이름은 '은총'(grace)으로 정했습니다. 개척예배 준비로 쌀 반말로 백설기를 했습니다. 그리고 기도했습니다.

"주여, 보내주실 줄 믿습니다!"

또 이렇게 앉아 기도만 할 것이 아니라는 생각이 들어 밖으로 나갔습니다.

'예수님도 나가서 사람을 데려다가 내 집을 채우라고 하지 않으셨던가?'

집 밖에 나가자 동네 아이들이 놀고 있는 모습이 보였습니다. 아이들을 불러 모았더니 호기심 많은 아이가 왜 그러냐고 모여들었습니다. 제가 떡이랑 떡볶이를 만들어주겠다고 하니 좋아하며 따라 나섰습니다. 모두 고물고물한 아이들이었습니다. 그 가운데 어른도 한 명 있었습니다. 제가 아이들을 몰고 가니 의심스러워 따라온 것 같았습니다. 혹시 애들을 유괴하는 것은 아닌지 확인차 따라온 것입니다.

방이 워낙 좁다 보니 어른 둘에 애들 8명이 만원 버스 안처럼 꽉 들어찼습니다. 그래도 저는 기뻐서 어쩔 줄을 몰랐습니다. 한 영혼이 천하보다 귀하다고 했는데, 이렇게나 많은 영혼이 방에 꽉 찼으니 말입니다. 저는 그 방으로 이사할 때부터 구원된 사람입니다.
"하나님, 역시 김록이는 됩니다! 이제부터 예배는 주일만 드리겠습니다"(토요일마다 예배를 드리다가 사이비 교주라는 말을 들은 적이 있음).
이렇게 하나님께 보고했습니다.

방이 꽉 차긴 했지만, 기도도 예배도 드릴 상황이 못 되었습니다. 그래도 저의 사역은 시작된 것이니 밀고 나가리라 생각했습니다. 그렇게 해서 첫 예배를 드렸습니다. 아이들은 눈을 굴리며 먹을 것만 기다렸습니다. 제가 밥상 앞에서 "여러분! 개척예배에 이렇게 와 주셔서 정말 감사합니다"라고 말했더니, 도대체 무슨 소린가 하여 어리둥절한 표정이었습니다. 그런데 정말 고맙게도 함께 왔던 아주머니가 교회에 다니는 분이었습니다. 예배는 곧 끝났습니다. 거하게 대접을 하고 싶었으나 가진 돈이 없었기에 우동을 끓였습니다. 김장김치와 함께 우동을 잔뜩 먹은 아이들 손에는 떡을 들려 보냈습니다.

그래도 이렇게 방에서나마 개척할 수 있었던 것은 애들 아빠가 낮에는 집에 없었기 때문입니다.

나를 부르심

　집에서 개척한 후 기도에 전념할 때였습니다. 기도할 만한 곳을 찾아 제법 규모가 큰 어느 교회에 갔습니다. 200평 정도 크기의 지하실 예배당에 많은 사람들이 모여 기도를 하고 있었는데 이상하게도 사람은 많은데 모두 조용하게 기도를 하는 것이었습니다. 저는 한껏 저 자신을 절제하면서 소리를 낮추어 "주여!" 했습니다. 제 딴에는 한껏 소리를 억누른 것인데도, 지하실 공간에 크게 울렸습니다.

　그러자 그 교회 전도사가 다가와 저를 툭 쳤습니다.

　"그냥, 나가주세요."

　그 교회 교인이 아니니 저는 쫓겨난 것입니다.

　그러니 그곳에 또 갈 수는 없고, 어디에서 기도할까 생각하던 중

예배당 문이 잠겨 있는 어느 개척교회를 발견하게 되었습니다. 그래서 목사님을 찾아가서 열쇠 좀 달라고 부탁해서 그곳에서 기도를 했습니다. 그랬더니 이번에는 옆집에서 시끄럽다고 난리였습니다. 목사님은 죄송하다며 열쇠를 회수했습니다.

이제는 산으로 올라갈 수밖에 없었습니다. 그래서 매일 삼각산 기도원으로 출근하기 시작했습니다. 비가 오나 눈이 오나 거의 1년 가까이 삼각산에서 기도했습니다.

새벽마다 집을 나선다는 것이 쉬운 일은 아니었습니다. 게다가 비나 눈이 오는 날이면 나가기가 싫었습니다. 형제봉으로 가는 게 아니고 구기터널 쪽으로 해서, 예능교회 쪽으로 갔습니다. 그쪽은 등산객 외에는 사람이 별로 없는 곳입니다. 그런 곳에는 위험이 도사리고 있습니다. 무엇보다 사람이 제일 무섭습니다.

한번은 깊은 산속, 사람도 없는 곳 바위에 딱 앉아서 기도하고 있는데, 저만치에서 등산지팡이를 든 사람이 다가오고 있었습니다. 이상하게 소름이 쫙 끼치면서 심상치 않은 기운을 느꼈습니다. 순간, 이 상황을 어떻게 모면할 수 있을까 생각했는데, 다윗이 떠올랐습니다. 다윗은 가드 왕 아기스를 심히 두려워하여, 그 앞에서 침을 질질 흘리며 미친 체를 했습니다(사무엘상 21장 참조).

'옳다구나, 나도 미친 체를 하는 수밖에.'

그래서 큰 소리를 지르다가 웃다가 하면서 정신 나간 사람 연기를 했습니다. 그러자 그 남자가 저를 한참 쳐다보더니 "완전 미친년이네" 하면서 제 갈 길을 갔습니다. 그 후부터는 그쪽으로 가지 않고 사람들이 많이 있는 쪽으로 가서 기도했습니다.

산기도를 하면 조물주가 빚어 놓은 아름다운 경관을 감상하는 것도 놓칠 수 없는 기쁨입니다. 구름을 타고 올라갔다가 구름을 밟고 내려옵니다. 아침에는 이슬과 아침 안개가 쫙 깔리고, 해 질 녘에는 다시 구름이 깔립니다.

이렇게 하나님 앞에서 열심히 기도하며 제 갈 길인 방 개척교회를 하고 있는 중에 유혹이 찾아왔습니다. 저를 아는 분의 소개로 전도사 청빙이 온 것입니다.

"김 전도사, 지금 어떤 큰 교회에서 개척교회를 건축 중인데 부흥시켜야 해. 나를 아는 사람들도 있고, 내 은사도 있고, 김 전도사도 씩씩하고 그러니까 거기 가서 전도사 해."

그리고 한 달에 150만 원씩 주고, 차도 한 대 내주고, 쌀도 대준다는 것입니다. 그 당시 제게는 돈도 없었고, 보증금 2백에 월세 35만 원 방에 살고 있었기에 유혹이 아닐 수 없었습니다. 그 당시 150만 원이면 정말 큰돈이어서 갈등하지 않을 수 없었습니다.

"기도하고 답 드리겠습니다."

이렇게 답을 하고는 하나님께 여쭈었습니다.

"하나님, 제게 이러이러한 청빙이 왔는데 제가 심방 전도사로 가야 됩니…?"

'~까'라는 마지막 단어가 제 입에서 나오기도 전에 하나님이 답하셨습니다.

"네 길이 아니다."

그래서 저는 그 자리에서 "아멘!" 했습니다. 왜냐하면 저는 청빙 제의를 들었을 때부터 이미 마음속으로 "No!" 했었기 때문입니다. 그래도 하나님께 물어봐야 하니까 기도를 한 것입니다.

그래서 저를 소개해 주신 그분에게 죄송하다고 말씀드리고 거절했습니다.

부르심에 대한 확신이 있으면서도 잠시나마 고민을 했던 저 자신을 보면서, 사람의 마음이 참 간사하다고 생각했습니다. 그러나 감사하게도 하나님께서는 제가 거절해야 할 것과 수락해야 할 것에 대한 분별력을 일찍부터 주셨던 것 같습니다. 그리고 저를 향한 부르심을 다시금 확인해 주셨습니다.

제가 청빙에 응해서 부교육지로 그곳에 가서 담임목사님을 섬길

성품은 못 된다는 것을 저 자신도 알고 있었습니다. 저의 성품 면에서도 그렇고, 기질도 그렇고, 영성의 색채도 맞지 않았습니다.

  그렇게 저는 기도 생활을 이어갔습니다. 제가 후에 깨달은 것은, 사역자로서 쓰임을 받는 데 있어서 가장 중요한 것은 정직, 근면, 신실, 성실임을 재확인했습니다. 하나님께서 이러한 부분들을 꾸준히 단련하여 습관화시켜 주신 것을 감사드립니다.

도사님, 전도사님

신정동 미장원에 박 집사라고 있었습니다. 그녀는 이른바 동네 소식통이고, 동네 스피커였습니다. 한번 입을 열면 온갖 말들이 쏟아져 나왔고, 여기저기 그 말을 옮기는 낙에 사는 듯했습니다. 그러나 그러한 성격이 전도하는 데에 사용될 때도 있었습니다.

그리고 방에서 개척할 당시엔 토요일에 예배를 드렸습니다. 그랬더니 그 박 집사가 제가 사이비 교주라고 소문을 냈습니다. 저는 그것도 모르고 매주 토요일에 예배를 드렸습니다.

어느 날, 저녁 9시가 좀 넘은 시간이었습니다. 저는 늘 그러하듯 매일 기도하고 성경을 읽고 있었습니다. 그런데 누가 방문 앞에서 왔다 갔다 하는 것이었습니다. 바로 그 박 집사였습니다.

"박 집사님, 무슨 일이에요?"

"그게…나를 위해 기도 좀 해줄 수 있어?"

당연히 기도해 드릴 수 있지요. 그렇지만 저는 조금 뜸을 들이며 물었습니다.

"왜 저한테 기도를 받으려고 그러세요?"

"그냥…혜림이 엄마가 기도를 많이 하는 사람 같아서….'

그래서 알겠다고 답한 뒤에 기도하기 시작했습니다. 기도를 하는데, 그 사람의 생각이며, 당면한 문제며, 지은 죄며, 온갖 것들이 줄줄 쏟아져 나오는 것이 아닙니까? 박 집사는 그 말들을 듣고 적이 놀란 모양이었습니다. 그런데 이분의 성격이 어떠한지 앞서 말했지요? 본인이 경험한 것을 속에만 가두어두지 못했습니다.

미장원 바로 앞집이 무당협회 회장을 맡은 무당집이었습니다. 오후 6시가 되면 퇴근을 합니다. 그러면 그곳에 모여 있던 동네 아줌마들이 마땅히 갈 데가 없으니 미장원으로 모여들었습니다. 그리고 거기서 이런저런 수다들을 떨었습니다.

"어디 용한 점쟁이 없을까?"

그 말에 박 집사님이 기다렸다는 듯 답을 했습니다.

"기다려봐, 우리 용한 도사님이 잠시 후면 퇴근할 거니까."

박 집사님이 말하는 그 용한 도사님이 누구겠습니까? 바로 저 아니겠습니까? 그 당시 제가 전도사였는데 맨 앞의 '전' 자를 딱 빼고 도사로 부르는 겁니다. 저는 오후 6시가 되면 신학교 마치고 정확하게 집에 돌아오곤 했습니다.

그전에는 이런 일도 있었습니다. 우리 집 주인 아주머니가 배가 아프다면서 기도를 해달라고 부탁했습니다. 이분이 배변을 제대로 못했습니다. 그래서 제가 배에 손을 얹고 기도를 하는데 뱀들이 뱃속에서 우글대는 겁니다.

"아주머니, 배에 뱀이 꽉 찼어요. 무슨 음식 드셨어요?"

"글쎄, 뭘 먹었는지 잘 모르겠네. 무당 음식을 먹었나? 그런데 왜?"

"장에 문제가 있는데 아주 심각해요."

"혜림 엄마, 나 무서워, 여기가 막 아프고, 피도 나오고, 화장실도 못 가."

그러니까 그분은 요즈음으로 흔히 있는 대장암에 걸리셨던 것입니다. 그런데 제 눈에 무당이 굿하는 것이 보이고, 뱀이 우글우글했습니다.

그 동네엔 무당이 유난히 많았습니다. 제가 사는 집을 중심으로 앞집, 뒷집, 좌우, 다 무당집이었습니다. 그리고 서로 다 친구 사이였습니다. 오랫동안 한동네에 함께 살았기 때문입니다. 그나마 다행인 것은 주인 아주머니가 매일 가정예배를 드렸다는 것입니다. 기도를 하고 나니 정말 감사하게도 뱃속의 것들이 확 쏟아져 나왔습니다. 주인 아주머니로서는 제게 은혜를 입은 셈입니다. 그래서 그분은 저희 아이들을 지극정성으로 챙겨주기 시작했습니다.

오후 6시가 되자 제가 동네 모퉁이에 나타났습니다. 이제 미장원 모퉁이로 접어듭니다. 미장원에 있던 사람들이 저를 주시하고 있습니다. 그 사람들 말로 '도사님'이 납시고 있는 것입니다.
집에 가면 아이들은 이미 주인 아주머니가 다 챙겨준 상태라 저는 성경책을 딱 끼고 미장원으로 향했습니다. 얼마 전까지만 해도 저를 사이비 교주라고 욕했던 사람입니다. 그렇지만 이제 제가 들어서면 이렇게 말합니다.
"여러분, 도사님이 오셨습니다!"
그러면 사람들이 말합니다.
"도사님이 엄청 젊으시네요. 도사님이 예쁘시네요."

미장원 방으로 들어가 저는 그분들에게 이렇게 말합니다.
"저는 전도사입니다. 예배를 드려야 기도를 해드립니다. 가실 분은 가셔도 좋습니다."
그중에는 믿지 않는 사람들도 섞여 있었습니다. 그렇지만 아무도

가는 사람이 없고 모두 예배를 드렸습니다. 하나님은 각 사람의 특성을 그분의 뜻을 위해 정말 선하게 잘 사용하는 분이십니다. 세상의 수다쟁이를 하나님 나라를 위한 수다쟁이로 사용하셨습니다.

세 평 방에서 드리는 예배에 참석하는 사람들이 날로 늘어 확장이 불가피해졌습니다. 그런데 얼마 후 건물 주인이 집을 새로 짓는다며 세 든 사람들 보증금을 빼주기 시작했습니다. 그러다 보니 옆 방이 비었습니다. 그 방은 12자 크기의 아주 큰 방이었습니다. 게다가 집 주인은 매일 가정예배를 드렸고, 저에게 기도를 받고 대장암이 치료된 적이 있는 그분이셨습니다.
"혜림이 엄마, 여기서 예배드려."
그래서 그 큰 방으로 옮겼습니다. 이유야 어쨌든 돈 한 푼 안 들이고 확장 이전을 했습니다.

영등포 시대
- 주님이 아시나이다

　제 안에서 성전을 얻어서 개척했으면 좋겠다는 마음이 일어났습니다. 그러나 제게는 돈도 없고, 구체적인 방안도 없었습니다. 그래서 이 기회에 장기 금식을 하면서 때를 기다려야겠다고 생각했습니다.
　마침 그날, 출근했던 애들 아빠가 다시 집에 들어오더니만 제게 호통을 쳤습니다.
　"나가! 당장 나가! 다시는 집구석에 있지 마!"
　그렇게 한바탕 소리를 내지르고는 다시 나가버렸습니다.
　저는 그 말을 듣고 속으로 '옳거니!' 했습니다.
　'기도하자마자 하나님이 나를 풀어주시는구나.'
　남편의 말이 하늘의 응답으로 들렸던 것입니다. 그래서 아이들을 놔둔 채 부산으로 갔습니다. 친정어머니가 부산에 계셨는데, 이참에 부산에서 개척해 볼까 생각했습니다. 부산에서 금식하면서 부흥회에 참석했습니다. 부흥강사는 이름만 대면 누구나 알 만한 분이었습니다. 그분이 간증을 하셨습니다. 자기 신학교에서 한 학생이 헌금 봉투를 내밀 때마다 "주께서 아시나이다" 하더랍니다. 그래서 학생에게 기도를 해준 뒤 기도 제목을 물었더니 이렇게 답했답니다.

"사실은 성전 때문에 기도했는데 하나님께서 해결해 주셨습니다."

그 말을 듣는 순간 저는 '저건 바로 내 이야기구나!' 생각했습니다. 그래서 제가 가지고 갔던 돈을 모두 헌금했습니다. 돌아올 차비도 남기지 않았습니다. 저는 졸지에 돈 한 푼 없고, 집을 나왔으니 돌아갈 수도 없는 처량한 신세가 되어버렸습니다. 그래서 매일 금식하면서 울었습니다. 그런데 안내 방송에서 제 이름이 나오는 것입니다. 그곳에서는 저를 아는 사람이 없을 텐데 도대체 누가 나를 찾나 하여 가보았더니 애들 아빠가 찾아온 것이었습니다. 저는 애들 아빠와 함께 서울로 향하게 되었습니다.

올라오는 길에 성령님이 제게 '교회를 개척하라'는 메시지를 주셨었는데, 그것을 꼭 붙들고 서울에 도착했습니다. 서울에 도착하자마자 연락을 받은 시누이 둘이 찾아왔습니다. 저는 21일간 장기 금식을 하고 보식도 안 한 상태였습니다. 힘은 하나도 없고, 그냥 죽고 싶은 생각만 들었습니다. 또다시 매일매일 어려운 일을 겪을 생각을 하니 정말 견딜 수가 없었습니다. 마음으로는 죽고 싶었지만 죽을 수도 없는 상황이었습니다. 바로 이러한 순간에 시누이들이 온 것입니다.

시누이들은 들어서자마자 제게 욕설을 퍼부었습니다. 그리고 저를 잡더니 제 머리채를 잡고 바닥에 짓이겼습니다. 옆에서 우리 애들이 보고 있는데도 말입니다. 아이들은 무서워 벌벌 떨고 있고, 남편은 말릴 기미조차 보이지 않았습니다. 머리를 워낙 심하게 내 찧은 탓에 뇌진탕이 왔습니다. 모든 것이 빙빙 돌고, 어지럽고, 토하고, 싸고, 감각들이 무뎌졌습니다. 저는 그 상태로 꼼짝없이 누워만 있었습니다. 챙겨주는 사람이 없으니 3일 동안 먹지도 못했습니다. 나중에야 옆집에서 듣고 와서 저를 챙겨주었습니다.

저는 그때 애들 아빠를 제 마음속에 묻어버렸습니다. 더는 제 남편이 아니라는 생각을 한 것입니다.

'누나들이 와서 그렇게 행패를 부리면 자기가 알아서 하겠다고 하면서 돌려보내야 하지 않았을까?'

그리고 이런 생각도 들었습니다.

'만약 내가 지금 죽으면 그동안 어렵게 훈련받은 것들이 다 허사겠구나.'

이 생각에 휘청거리는 다리를 딛고 일어섰습니다. 그리고 성전을 달라고 하나님께 다시 기도했습니다. 밖으로 나서며 하나님께 다짐

했습니다.

"하나님, 제가 지금 나가면 첫 번째로 오는 버스를 타겠습니다. 그리고 제 마음이 내키는 곳에서 내리겠습니다. 그리고 들어가고 싶은 마음이 드는 부동산 소개소에 들어가겠습니다. 그리고 성전으로 사용할 만한 곳을 묻겠습니다. 그러니 저를 인도해 주세요."

저는 딱 이 기도만 했습니다. 어디로 가는 버스인지 확인도 안 하고 처음 도착한 버스를 탔습니다. 그 버스는 영등포구청으로 향했고 버스에서 내려 둘러보니 마침 눈에 들어오는 부동산 소개소가 있었습니다. 들어가 보니 순복음교회 집사가 운영하는 곳이었습니다. 그래서 "저는 전도사인데 성전을 물색 중입니다"라고 말했더니, 얼마를 생각하느냐고 물었습니다. 제 수중에 20만 원이 있었기에, 그것을 십일조로 생각하고 보증금 200만 원 정도를 생각하고 있다고 말했습니다.

그랬더니 그분이 부동산 소개소 앞에 있는 건물을 보여주었습니다. 그런데 건물 주인이 어딜 갔는지 오질 않는 겁니다. 올 때까지 앉아서 기다렸다가 드디어 건물 4층, 주인이 사는 집으로 함께 올라갔습니다.

"어서 오세요, 저도 방금 들어왔습니다."

주인이 소파에 털썩 앉으며 말했습니다.

"건물 지하실을 빌리고 싶은데요."

그 말을 들은 건물 주인은 가타부타 말도 없이 뒤적뒤적하더니 열쇠부터 건네주었습니다. 아직 임대 계약에 대해서는 한마디도 오가지 않았는데 말입니다. 옆에 있던 부동산 아저씨가 그래도 자초지종을 들어봐야 하지 않겠느냐고 말했더니 이러는 겁니다.

"그냥 알아서 하세요. 돈도 이분이 하자는 대로 해주시고요."

그래서 보증금 200만 원, 월세 30만 원에 지하실을 얻게 되었습니다. 그리고 내부 공사하는 동안은 월세를 받지 않겠다고 했습니다.

지하로 내려오는 계단 한쪽에 신문지가 쌓여 있었습니다. 저는 그 신문지 몇 장을 집어 들었습니다. 지하실은 방수가 잘 안 되어 물이 있었는데, 좀 마른 바닥을 찾아 신문지를 깔고 앉았습니다. 그리고 그렇게 앉아 한 세 시간을 한없이 울었습니다. 부동산 중개인은 저 때문에 퇴근도 못했습니다.

이렇게 주께서 성전을 주셨습니다.

나중에 들어보니, 주인 아주머니가 꿈을 꾸었답니다. 꿈에 시커먼 옷을 입은 여자가 와서 지하실을 달라고 하더랍니다. 이게 흉몽인지 길몽인지 몰라 무당을 찾아가서 물었더니, 무당이 하는 말이 그 시커먼 옷 입은 여자가 오면 주라고 해몽을 했다는 것입니다. 제가 가기 조금 전에 이 이야기를 듣고 온 것입니다. 그런데 그날 제가 입고 간 옷이 시커먼 색이었습니다. 그러니 건물 주인이 깜짝 놀라 캐묻지도 않고 얼른 지하실을 내준 것입니다. 나중에 주인 아주머니는 저에게 은혜를 입었다며 헌금도 해주셨습니다.

이렇게 방에서 개척한 지 1년 후, 제 나이 29세 되던 해, 2월 5일에 영등포구청 옆 20평 크기의 건물 지하실 공간에서 '은총기도원'을 시작하게 되었습니다.

강대상도 없고 강단도 없이 맨땅에서 신문지를 깔고 시작했습니다. 그러자 신문지 위에 어떻게 앉느냐며 스티로폼이라도 깔아야 하지 않느냐고들 했습니다. 그리고 얼마 후 누군가 이러한 처지를 안타깝게 생각했던지 스티로폼을 마련해 줘서 그것을 깔았습니다. 또 얼마 지나니 이번에는 장판이라도 깔아야 하지 않겠냐고 하면서 장판을 마련해 주었습니다.

부흥 이루라

2월 5일에 '은총기도원'이라는 이름으로 기도원 설립예배를 드렸습니다. 그리고 2월 14일쯤 첫 부흥회를 하게 되었습니다. 부흥회 전단지 4천 장을 붙여야 하는데, 저밖에는 할 사람이 없었습니다. 문구점에서 파는 100원짜리 딱풀을 들고 일일이 다니며 전단지를 붙였습니다. 2월이면 아직 겨울입니다. 손이 꽁꽁 얼어붙고 온몸이 덜덜 떨렸으나 4천 장을 다 붙였습니다.

이제 문제는 이 부흥회에 과연 사람들이 찾아올 것이냐 하는 것이었습니다. 그곳엔 아는 사람도 없고, 방에서 개척할 때 왔던 사람들도 이곳과는 거리가 멀었기 때문입니다. 결국 하나님께 다 맡기기로 했습니다.

제가 섬기던 분을 강사로 모시고 함께 식사를 했는데 식사 시간 내내 밥이 코로 들어가는지 입으로 들어가는지 알 수 없을 정도로 사람이 올까 안 올까에만 정신이 팔린 상태였습니다. 그래서 먼저 자리에서 일어났습니다.

"목사님, 저는 먼저 가서 찬송 인도를 해야 하니 천천히 드시고 오세요."

'과연 사람들이 왔을까?'

그런데 입구에 들어서니 신발이 꽉 차 있었습니다. 첫 부흥회가 성공적으로 시작되었습니다. 그 후 부흥의 불이 일기 시작했습니다. 그렇게 시작한 곳에서 부흥이 일어났습니다. 온갖 열악한 상황에다 간판도 없었지만, 사람들이 계속 모여들었습니다. 들어왔다가 중간에 가는 사람도 있었지만, 부흥의 불길은 꺼지지 않았습니다. 기도의 능력만 있으면 못할 일이 없다는 것을 다시 한번 깨달았습니다.

그러나 이러한 부흥의 길이 탄탄대로만은 아니었습니다. 남편의 방해와 테러 행위는 말할 것도 없고, 자잘한 문제들이 그치지 않았습니다. 인근 주민들이 시끄럽다며 경찰서에 진정서를 내서 경찰이 거의 매일 찾아왔습니다. 그때마다 저는 꿈쩍도 안 하고 계속 기도를 했습니다.

2. 나는 무익한 자

"하나님, 이 나라의 군·경찰을 축복하소서!"

그러면 그분들도 민망한지 그냥 가버렸습니다.

이런저런 역경 속에서도 영등포구청 인근 건물 지하실에서 1년 정도 사역을 하면서 물권의 축복을 비롯하여 기도 응답을 많이 받았습니다. 그때는 기도만 하면 다 이루어주셨습니다. 사람들이 늘어나고, 다시금 공간이 비좁아졌습니다.

김록이
드디어 강남으로

　서른 살 되던 해에 영등포구청 옆 건물의 20평대 지하실에서 송파구 삼전동의 80평 공간으로 확장 이전을 했습니다. 삼전동으로 갈 때 환난의 바람을 맞긴 했으나 잘 해결되었습니다.

　하나님께서 저를 죽을 자리에 밀어넣으신 것도 모른 채 꿈에 부풀어서 옮겨갔습니다. 강서에서 강남으로 이사를 했으니 '드디어! 김록이, 강남에 출현하다' 하면서 으쓱했습니다. 혼자서 마냥 기대에 부풀어 있었습니다. 인테리어만 천만 원을 들여 예쁘게 꾸며 놓았습니다. 첫 번째 부흥회를 하는데 기대가 어찌나 큰지 밤에 잠도 오지 않았습니다.

　'하나님께서 이 80평 성전이 가득하게 사람을 채워주시겠지?'

부흥회 전날 밤에는 밤새도록 성전 안을 돌아다녔습니다. 옆에 있는 안나에게 방석을 깔으라고 했습니다. 그러자 방석마다 사이를 두고 듬성듬성 까는 것이었습니다.

"그래서 몇 명이나 앉겠어? 넌 믿음도 없이. 빽빽하게 깔아, 빽빽하게."

"모자라면 그때 더 깔면 되지요."

제 마음만 바빴습니다. 낮 2시에 집회가 시작되는데 밥도 먹히지 않았습니다. 장사는 첫 번에 잡아야 한다는 원리를 알고 있었기 때문에 첫 번째 부흥회의 광고도 엄청나게 했습니다.

'얼마나 엄청나게 보내주실까?'

2시가 되어 강사님이 강단 위에 올라가 기다리고 있는데 사람이 한 명도 오지 않는 것이었습니다. 그때 징조가 보였지만 깨닫지 못했습니다. 하나님의 계획이 어디에 있는지를 몰랐습니다.

"지금 시작할까요?"

강사님은 제게 연신 물어오셨지만 그럴 수가 없었습니다.

"조금만 더 기다리지요. 사람들이 오면 해야지요."

정신없이 문만 쳐다보았습니다. 그런데 웬 여자가 한 아이의 손을 잡고 한 아이는 업고 들어오는 것이 보였습니다. 보자기 같은 것으로 온통 얼굴을 가리고 있었습니다. 그 여자 말고는 아무도 오지 않았습니다. 더는 기다릴 수 없었던 강사님이 그냥 시작하자고 했습니다. 저는 순간 기가 팍 꺾이고 말았습니다. 부흥회를 열었는데 사람이 모이지 않으면 정말 피가 마릅니다. 집회가 시작되었지만, 강사님 역시 힘이 나지 않는 것은 마찬가지였습니다.

집회가 끝난 후에 아이를 데리고 온 여자분을 만나보았습니다. 아이를 낳은 후에 산후병으로 고생하고 있는 집사님이었습니다. 몸이 너무 아파서 죽을까 살까를 고민하고 있던 차에 부흥회 전단을 보게 되었고 여기에 가면 살겠다는 생각이 들어 찾아온 것입니다.

그 후 1년 동안, 이 여자분 한 사람을 두고 기도원을 했습니다. 가끔 새 사람이 들르기도 했지만, 그냥 한번 왔다가 가버렸습니다. 아마 하나님이 제가 지칠까 봐 청량음료처럼 일시적으로 보내주시는 것 같았습니다.

그런데 산후병에 걸린 그 여자 집사님은 생각이 아주 부정적이었습니다. 할 수 있으니 힘내라고 격려할 때마다 고개를 저었습니다. 원장님은 얼굴이 예쁘니까 할 수 있겠지만 자기는 아니라는 것이었습니다. 자기 얼굴엔 흉터가 있다고 했습니다. 그 흉터 때문에 남편도 자기를 미워하는 거라고 했습니다. 저에게도 흉터가 있다며 얼굴을 내밀었지만 별 소용이 없었습니다. 자기연민에서 헤어나지 못한 채 한탄만 했습니다. 벗어나겠다는 의지 자체가 없어 보였습니다. 그분이 한 4년 정도 기도원에 나왔는데 참 어려웠습니다.

거기서 40일 가까이 금식을 했습니다. 금식을 하고 또 해야 하는 힘든 상황이 이어졌습니다. 지도자로 세우기 위해서, 하나님의 일꾼이 되기 위한 평신도를 통한 연단이 있었습니다. 다 된 줄 알았는데 기도원을 세우고 나서 그것으로는 안 된다고 생각하셨던지 이루 말로 표현할 수 없는 크나큰 연단을 계속해서 주셨습니다. 죽을 고비도 넘기고, 바보 취급도 받았습니다.

3.
주의 손에 붙들리다

쓰레기 인생

영등포구청 옆에서는 성전이 꽉 차게 부흥이 되니까 확장을 위해 계속 기도했습니다. 그랬더니 삼전동 쪽에 80평짜리 성전이 나와서 그곳으로 가기로 했습니다.

그 당시 제 옆에서 저를 섬기는 분이 계셨습니다. 그분은 홀로 된 지 한 1-2년쯤 되셨는데 자기 집을 보증금으로 해서 전세로 들어가고 저는 월세만 책임지라고 하시는 겁니다. 그래서 보증금 2천만 원에 월세 70만 원, 권리금과 시설비 조로 1천만 원을 내고 그곳으로 들어갔습니다.

그런데 그때 거기서 같이 기도하던 한 분이 자기네 담임목사님에게 가서 젊은 전도사가 과부 돈을 뺏어간다는 식으로 사실을 왜곡하여 전달하였습니다. 그 목사님은 이름만 대면 알 만한 분인데, 기도원 연합회 쪽에 문제 제기를 했습니다. 그뿐만 아니라 신문기자들까지 대동하는 바람에 저는 하루아침에 유명해졌습니다.

친구와 함께 삼각산에 기도하러 갔습니다. 이런저런 기도를 하다가 생각하니 어이가 없었습니다. 저는 아무리 생각해 보아도 잘못한 것이 없었습니다. 제가 그분에게 보증금을 해달라고 한 것도 아니고, 당신께서 기꺼이 해주겠다고 한 것인데 말입니다. 어느 날 자고 일어나니 기자들이 찾아오고…. 저로서는 어이가 없었습니다.
'아무래도 나는 크게 될 사람인가 보다. 내가 피라미 같았으면 그렇게 했겠는가?'
이런 식으로 긍정적으로 생각하기로 했습니다.

기도해야 하지 않느냐는 친구의 말에 저는 이렇게 말했습니다.
"기도하지 마. 이건 기도할 일도 아니야."
"왜? 그래도 기도해야 하잖아."
"하나님이 나를 이렇게 해서 끝낼 것 같으면 나에게 그 많은 훈련을 시켰겠냐? 나 아무래도 스타가 될 것 같다. 내려가자. 가서 맛있는 거나 실컷 먹자."

그리고 그 문제는 웃어넘기기로 했습니다. 그렇게 하나님은 저를 진정한 스타로 만들어주셨습니다. 그 일은 하나님이 해결해 주셔서 다 잘 마무리가 되었습니다.

그즈음 애들 아빠가 사업을 막 시작했습니다. 제가 기도하는 가운데 사업장을 주시기는 했지만, 한편으로는 안 주셨으면 좋겠다는 생각도 있었습니다. 여하튼 하나님이 사업장을 허락하셨습니다. 그런데 그 사업이 대박이 났습니다. 저도 가게에 가서 함께 장사를 해 주었는데, 그러다 나오게 되었습니다. 왜냐하면 돈은 엄청나게 잘 벌었지만 그 상태로 가면 영도 죽고, 혼도 죽고, 육도 죽을 것 같았기 때문입니다.

가게에 들어갈 때 제가 했던 기도가 있습니다.
"거기 가서는 내게 폭력을 휘두르지 않는다면 사업을 함께하고, 그렇지 않다면 끝내야겠습니다."

1인 5역을 해오던 제가 거기서 나오니까 장사가 안 되기 시작했습니다. 그러자 남편은 저에게 '같이 일할 생각은 안 하고 교회에 미쳐 교회 일만 한다'면서 길길이 날뛰었습니다. 눈이 뒤집히다시피 하며 그 분노를 다 제게 쏟았습니다. 제가 화장실에 가면 화장실 앞에서 기다리고 있고, 또 아파트에서 끌고 다니며 저를 폭행했습니다. 그래서 제가 도망 나와버렸습니다.

그리고 삼각산으로 올라갔습니다. 겨울이니까 비닐을 뒤집어쓰고 바위에 앉아서 밤새 기도를 했습니다. 비닐 안에 입김이 차니까 뿌옇게 되어 밖에서는 안이 잘 안 보입니다. 사람들이 지나가며 하는 소리가 다 들렸습니다.

"이게 뭐지?"

"예수쟁이들은 저게 문제야. 저 쓰레기 버리고 간 거 보라고."

그래서 제가 안에서 비닐에 구멍을 뚫고 보니까 나를 가리키며 하는 말이었습니다. 비닐을 뒤집어쓰고 있는 제 모습이 커다란 쓰레기 담은 비닐봉지처럼 보였던 것입니다. 그런데 제 귀에는 '그래, 쓰레기 같은 인생이지'로 들리는 겁니다.

그렇게 3일을 앉아 금식하다가 제 마음에 확신이 섰습니다.

'가게로 돌아갈 게 아니구나. 쓰레기같이 무익한 내가 부름을 받은 데로 가야지, 더는 그쪽으로 가면 안 되겠구나.'

그리하여 삼전동 성전으로 돌아갔습니다. 그 이후에도 삼각산 능력봉 쪽으로 올라가 금식기도를 이어갔습니다. 그 무렵, 제 옆에서 도와주던 사람으로 인해 성전 이전 보증금과 관련하여 문제가 터졌습니다. 그래서 바위에 앉아 7시간 동안 내리 기도를 하고 있는데, 빛이 저편에서 제 쪽으로 쫙 비치면서 하늘이 갈라졌습니다. 저는 기도의 응답을 받았다고 생각하고 산에서 내려왔는데, 역시 문제가 다 해결이 되어 있었습니다.

한 번은 부흥회를 잘 마쳤는데 애들 아빠가 삼전동까지 또 찾아와 행패를 부렸습니다. 그러고는 우리 자동차고 뭐고 다 부수는 겁니다. 그렇게 몹시 흥분해서 날뛸 때 잡히면 저는 생명의 위협을 받습니다. 그래서 숨을 만한 곳을 찾다가 마땅한 곳이 없어서 강대상 속에 숨었습니다. 강대상 아래 작은 문이 있는데 그 안으로 들어간 것입니다. 원래 그 사람은 귀신에 씌어서 그런지 제가 숨은 곳을 귀신같이 알아냅니다. 저는 들킬까 봐 조마조마한 마음으로 그 좁은 곳에 있었습니다. 새로 산 강대상이라 송진 냄새가 독해서 계속 그 안에 있다가는 질식할 것 같았습니다. 그렇게 숨을 죽이고 있는데, 남편이 강단까지 올라와서 왔다갔다하는 겁니다. 들킬까 봐 불안해서, 또 냄새 때문에 이래저래 숨이 막힐 것 같은 상황에서 주님이 저를 만나주셨습니다.

"두려워하지 말라. 내가 너와 함께하고 있다."

그 사람은 나를 죽이겠다고 주변을 왔다갔다하는데, 저는 은혜 가운데 있었습니다.

핍박과 고난은
여전하지만

    남편의 핍박과 구타는 계속 이어졌습니다. 그러나 이러한 남편의 폭행에 대해서는 친정은 물론이고 그 누구에게도 말을 할 수 없었습니다. 누가 떠밀어서 결혼한 것도 아니고, 제 마음대로 한 것이기 때문에 결혼 3년 차까지는 입을 꾹 다물고 있었습니다.

    그러나 3년이 지난 후, 친정에 제 상황을 이야기했습니다. 오빠가 찾아와 남편에게 앞으로는 그렇게 하지 말라고 당부를 했지만 별 소용이 없었습니다. 서로 헤어지기라도 한다면 모를까 계속 살아야 하니 뾰족한 방법이 없었습니다. 어릴 때야 오빠가 든든한 백이 되어 주었지만, 어른이 되어 살아가려니 대신해 줄 수 있는 것이 없었습니다.

3. 주의 손에 붙들리다

은총기도원이 한창 부흥할 때, 애들 아빠는 거의 광적으로 변해 버렸습니다. 사람들이 모여 기도를 하고 있을 때, 창문으로 돌을 던졌습니다. 그러면 유리창이 와장창 깨지고 머리에 돌을 맞은 사람들은 혼비백산했습니다. 사람들이 좀 줄어들어 열심히 기도하여 다시 사람들이 꽉 차게 부흥이 되면, 이번에는 가스통을 들고 들어와 터뜨렸습니다. 그러면 또 사람들이 죄다 도망을 가버렸습니다. 어떻게 그렇게 부흥이 되는 것을 잘 알아채는지 신기할 정도였습니다.

이러한 일들이 계속 반복되는 가운데 어느 날, 새벽 두세 시쯤 애들 아빠가 저를 끌고 한강 고수부지로 갔습니다. 그러더니 칼을 꺼내 드는 겁니다. 그 무렵 한강 고수부지는 한참 공사 중이었습니다. 그래서 소리를 지른다 한들 뛰쳐나올 사람이 없었습니다. 순간 '까닥하다간 오늘 내가 여기서 죽겠구나' 하는 생각이 들었습니다. 남편이 제 정강이를 툭 차니까 무릎이 절로 꺾이면서 얼음판에 무릎을 꿇었습니다. 남편은 칼을 든 채 씩씩거리고 있었습니다. 저는 이렇게 순교한다고 생각하고 손을 들고 찬송을 부르기 시작했습니다.

"저 높은 곳을 향하여 날마다 나아갑니다…."

그랬더니 남편이 달을 한참 쳐다보더니만, 자기 손에 제 피를 묻힐 수는 없다며 저 스스로 죽으라는 것입니다. 그리고 한강 물에 저를 집어넣었습니다. 그때가 2월이었는데 그 겨울에 난리를 치는 겁니다. 그러나 제가 학창 시절 육상 선수 출신이라 틈을 이용하여 삼십육계 줄행랑을 칠 수 있었습니다. 그리고 원효대교 쪽 도로 위로 올라갔습니다.

"살려주세요!"

그 시간에 지나는 차를 향해 외쳤지만 한 대도 서지 않았습니다. 사람들이 남의 일에 끼어들지 않으려 한다는 것을 그때 알게 되었습니다. 그러다가 다시 남편 손에 붙잡혔습니다. 남편은 저를 길바닥에 내동댕이치며 마구 짓밟았습니다. 저는 다시 끌려갔습니다.

남편의 핍박은 참으로 다양했습니다. 하나님이 밴을 하나 주셨는데, 남편이 그 차를 훔쳐서 내다버리는 바람에 40일 만에 다시 찾은 적도 있습니다.

게다가 설교 원고와 책까지 찢어버리니 차라리 세상을 하직하고 싶은 마음이 들었습니다. 그래서 어느 날 저녁 8시 정도(퇴근 시간 무렵)에 아파트 내 도로 위에 큰 대자로 누워버렸습니다. 지나는 차 바퀴에 그대로 깔렸으면 하는 마음에서였습니다. 가로등도 없고 불도 꺼져 있어서 안성맞춤이었습니다. 그런데 무슨 일인지 그날따라 차가 한 대도 지나가지 않았습니다.

기억상실증

　어느 날 남편이 저를 끌고 가서는 차에 태웠습니다. 그리고 차 안에서 구둣발로 마구 짓밟았습니다. 사실 이런 구타는 흔한 일이었습니다. 집으로 들어가서도 구타를 멈추지 않았습니다. 저는 그만 등나무 소파와 함께 옆으로 넘어졌습니다. 한쪽으로 넘어지니 다른 한쪽을 구둣발로 밟았습니다. 그러자 다른 편 혈관이 눌리면서 터져버렸습니다. 피가 위로 높이 솟구쳤습니다. 소파는 금세 피범벅이 되었습니다.
　저는 생각했습니다.
　'그래, 이대로 죽자.'

　피를 본 남편은 많이 놀랐는지 병원으로 가자고 했습니다. 저는 어차피 날 죽이려 했으니 이대로 죽게 내버려 두라고 했습니다. 남편이 저를 강제로 끌고 가다시피 하여 재생병원에 입원시켰습니다. 후유증으로 기억상실증이 왔습니다. 길도, 사람도, 명사·대명사, 아무것도 기억나지 않았습니다. 성경 외운 것도 다 날아가 버렸습니다. 새로 뭔가를 외우려 해도 외워지지 않았습니다. 그 상태로는 설교할 수 없었습니다.

원수 마귀는 그렇게 늘 제 머리만 공격해 왔습니다. 남편이 저를 구타할 때에도 머리를 우선으로 공격했습니다. 제가 집에서 폭행을 당하다 기절이라도 하면 버킷에 물을 담아 제게 부었습니다. 깨어나면 다시 때렸습니다. 제가 견디다 못해 창문을 통해 밖으로 도망치면 길거리에서는 한바탕 활극이 벌어졌습니다. 행여 길에 제 차가 서 있기라도 하면 그 차를 그냥 받아버렸습니다. 그럼 저는 들이박힌 채로 도망갔습니다. 그래도 머리만은 멀쩡했는데 이번에는 기억 자체에 문제가 생긴 것입니다.

저는 다시 금식기도를 시작했습니다.
"하나님, 저를 설교자로 부르셨는데 지금 상태로는 설교를 못하겠습니다. 설교만 할 수 있게 해 주세요. 머리 좀 살려주세요."
그렇게 일주일간 처절하게 금식기도를 했습니다. 그러자 너무 감사하게도 설교를 다시 할 수 있게 되었습니다.

그러나 그때 그 기억상실이 오고 난 후 잃어버린 것보다는 얻은 것이 훨씬 많았습니다. 왜냐하면 기억력과 사고능력이 저하되니까 하나님을 더욱더 의지하게 되었기 때문입니다. 늘 하나님께 기도하면서 묻고, 또 묻고 기록했습니다. 이것이 20대 때부터 제 몸에 배어 습관이 되어버렸습니다. 그때 기록했던 것들이 나중에 교재를 만드는 데 큰 밑거름이 되었습니다. 글로 기록하는 것과 말하는 것은 아주 다릅니다. 글로 쓰면 말이 정제되기 때문입니다.

머리를 다쳤으니까 머리를 쓸 수 없었습니다. 그렇지 않았더라면 제 머리가 제 힘만으로 잘 돌아갔을 테고, 저는 하나님을 덜 의지했을 겁니다. 제가 자기 사고 능력에 의지하는 것 때문에 망하게 생겼으니 하나님께서 제 머리를 망가뜨리셨나 보다는 생각을 하기도 했습니다.

이 세상 사는 동안 각양각색의 고난이 계속되었지만, 이 모든 고난이 결국에는 저에게는 순금이 되고 유익이 되었습니다.

고수부지 비둘기

"주의 법을 사랑하는 자에게는 큰 평안이 있으니 그들에게 장애물이 없으리이다" 시편 119:165

삼각산에서 내려오긴 했지만, 제가 교회에 있는 것을 알면 남편은 또 교회로 와서 저를 폭행할 것이 분명했습니다. 한 달에 몇 번씩은 교회에 와서 난동을 부리며 기물을 파손하곤 했으니까요. 그래서 저를 보호해 줄 사람이 없으니까 종일 한강 고수부지에 앉아 한강하고 놀아야 했습니다. 신학을 하는 남동생이 학교 가는 길에 저를 그곳에 내려주고, 또 학교를 마친 후엔 다시 태워서 성전까지 데려다 주었습니다.

고수부지에 온 사람들이 비둘기 모이를 사가기에 저도 무료함을 달래기 위해 비둘기 모이를 사서 뿌렸습니다. 한 봉지를 다 뿌렸는데도 비둘기가 하나도 안 보였습니다. 그래서 또 한 봉지를 사서 뿌렸더니 그제야 한 마리가 나타났습니다. 그런데 가만히 보니 병든 비둘기 같았습니다. 자세히 보니 다리도 약간 절뚝거렸고, 한쪽 눈도 시원치 않았습니다. 그러자 다른 비둘기들도 한두 마리씩 다가왔습니다. 나중에는 떼로 몰려와 제 앞에 가득했습니다.

그때 성령님이 저를 깨우치셨습니다.

"저 애들을 봐라. 처음엔 부족한 자가 왔지만, 네가 말씀의 양식을 준비하고 있으니 하나둘 모여 부흥을 이루게 될 것이다."

제 손에 든 먹이도 다 떨어졌고, 바닥에도 남아 있는 것이 없었지만 비둘기들은 그곳을 떠나지 않고 맨땅을 콕콕 쪼며 구구대고 있었습니다. 그때 또다시 성령의 음성을 들었습니다.

"봐라, 저 애들이 먹이가 없는데도 저렇게 남아 있지 않으냐? 그러니까 네가 지금 말씀을 잘 준비하면, 언젠가 저 애들과 같은 부흥을 이루는 날이 올 것이다."

저는 고수부지에서 성경을 보고 기도하면서 어려운 시절을 보냈지만, 그렇게 말씀을 준비해 두면 어느 날 사람들이 모여들 것이라는 약속을 주셨습니다. 저에게 시편 119편 165절 말씀을 주셔서 굳게 붙잡았습니다. 그리고 드디어 오늘과 같은 날을 맞이하게 되었습니다.

목사 안수,
그리고 그 이후

목회를 시작한 후 7년 만인 서른다섯 살에 삼전동에서 목사 안수를 받았습니다. 목사 안수를 앞두고 저는 이렇게 기도했습니다.

"남편의 축하와 축복 속에 받았으면 좋겠습니다. 제가 가족들의 축복 속에서 목사 안수를 받게 해 주십시오."

친정이나 시댁에서 저는 신앙의 개척자입니다. 양 집안 통틀어 제가 제일 처음 예수님을 믿었기 때문입니다. 목사의 길이 꽃길은 아니지만, 목사 안수를 받던 날만은 온통 꽃 잔치였습니다. 계단에서부터 온통 꽃 천지였습니다.

또한 목사 안수 받기 전날까지 제게는 돈이 없었습니다. 원수 마귀가 제가 성직자의 길을 간다고 하니 마지막 순간까지 훼방을 놓나 보다 생각했습니다. 그런데 목사 안수를 받는 그날부터 재정 문제가 풀리기 시작하는 신기한 일이 벌어졌습니다. 그 이후 지금까지 어려움을 겪기도 했지만, 하나님께서는 필요한 모든 것을 공급해 주셨습니다.

목사가 되기 전에 훈련을 받고, 공부도 할 만큼 해야 한다는 생각을 늘 했습니다. 또한 일단 부르심에 응했다면 갖춰야 할 자격은 다 갖추어야 한다고 생각했습니다. 그래서 조급한 마음으로 서두르지 않으려고 애썼습니다. 세월이 절대 급하지 않습니다. 길게 봐야 합니다.

기도원 사역을 8년 정도 했는데 마음이 급한 나머지 하나님 앞에 매일 "빨리빨리"를 외쳤습니다. 그때 주시는 하나님의 영감이 있었습니다.

"너는 지금 네가 목회를 하고 있다고 생각하느냐? 나는 너를 키우고 있다."

그 8년 동안 사람이 없어서 목회를 못한 적이 없습니다. 간판도 달지 않았고 바닥에 장판도 깔지 못하고 신문지와 스티로폼만 깔았는데도 정말 많은 사람이 앉아 있었습니다. 소문을 듣고 사람들이 계속 데려오니까 예배 때마다 사람들이 있었습니다. 그런데 사람들

3. 주의 손에 붙들리다

이 급격히 줄어들 때가 있습니다. 그러면 또 사람을 보내주십사고 아버지께 기도했습니다.

기도원을 개척했을 때, 기도원에 오는 분들 대부분이 전도사님, 목사님, 신학생들이었습니다. 한껏 교만해져서 스스로 수준이 높다면서 은근히 자부심을 느꼈습니다. 제게 오는 사람들은 다 전도사, 목사, 신학생들이니 말입니다. 그래서 이에 대해 감사기도까지 했습니다.

그러다가 하나님께 한 대 얻어맞았습니다.

"착각하지 마라. 네가 신학적으로 잘못되지 말라고, 네 설교에 검증하라고 목사, 전도사, 신학생을 붙이는 것이다. 너를 키우려고 그러는 것이지, 네가 잘나고 수준 높아서 그들을 보내는 것이 아니다. 숫자에 연연해하지 마라. 나는 너를 키우려고, 너 심심하지 말라고 가끔 사람을 넣기도 하고 빼기도 한다. 그러니 너는 오로지 네가 성장하는 데에 전념해라."

그 말씀에 얼마나 큰 도전을 받았는지 모릅니다. 세월이 많이 지난 후에야 하나님께서 일꾼들을 붙여주기 시작하셨습니다. 그전에 나를 키우고 만들기 위해서 하나님이 허락하셨던 사람들은 내 사람이 아니었습니다. 그 사람들은 나의 감시자로 왔을 뿐입니다.

그러나 여전히 어려운 것은 사람과의 관계였습니다. 인간의 본성을 고려할 때 인간관계에 있어서 항상 좋은 시간만 있는 것이 아니기 때문입니다. 저는 이 부분에 있어서 강훈련을 받았다고 자부할 수 있습니다. 가장 가까워야 할 남편으로부터 생명의 위협을 느낄 정도로 폭행을 당했고, 교회 권찰로부터 사기도 당해봤고, 자발적인 헌금을 받았는데도 불구하고 오해를 받기도 했습니다.

그러나 세상에 허물 없는 사람은 없습니다. 그래서 목회자로서 늘 객관적이고 공정한 눈을 지니기를 원했습니다. 그러자 하나님께서 많은 사람을 붙여주셨습니다. 그 가운데 일꾼들도 붙여주셨습니다. 그래서 이들과 하나가 되어 성전에 대한 비전을 품고 이룰 수 있었습니다. 이 모두가 하나님이 하신 일입니다.

교만

어느 날, 부흥회를 마치고 가시던 부흥강사님이 지나가듯이 제게 한마디 툭 던졌습니다.

"김 원장, 왜 그렇게 교만해?"

그 말을 듣는 순간 기분이 몹시 나빠 즉시 말을 받아쳤습니다.

"교만한 데 뭐 보태준 거 있어요? 놔둬요, 그냥 이대로 살 거니까. 하나님은 나를 교만한 것 가지고 쓰신다고 했어요."

하나님은 귀가 있으셔서 그 말을 들으셨습니다. 말이 떨어지기가 무섭게 전국적으로 소문이 날 만큼 문제가 터졌습니다. 20평짜리 작은 집에서 사역했는데 전국기도원연합회가 뒤집힐 만한 사건이 터졌으니 억울하고 답답했지만, 나름대로 해석을 잘하기로 마음먹었습니다.

삼각산에 올라가 하나님께 아뢰었습니다.

"아버지, 아무래도 저는 세계적인 사람이 되려나 봅니다. 전에는 이것이 믿기지 않았지요. 그런데 지금 저도 모르는 사이에 전국기도원연합회가 뒤집히는 사건이 벌어졌습니다. 아마 제가 일어나면 세계가 뒤집힐 것 같으니까 마귀가 이렇게 발광을 하는 모양이구나 하는 생각이 들기 때문입니다."

그런데 그 과정을 다 통과한 후에 교만하다고 말한 그분을 다시 만나게 되었습니다. 어느 모임에서 만나게 되었는데, 저를 보더니 제게 은혜가 있다고 하였습니다. 무슨 은혜냐고 물었더니 전에는 저를 볼 때마다 거슬렸었는데, 지금은 겸손하고 은혜가 흐른다고 했습니다. 예전에 목사님이 교만하다고 했을 때 하나님은 나를 교만한 것으로 쓰신다고 했던 제 말이 부끄러워서 견딜 수가 없었습니다. 아무도 모르는데 저 혼자 기도하다가 얼굴이 붉어지기도 했습니다.

그러나 이전이나 그때나 달라진 것은 없었습니다. 고생고생하는 것도 여전했고, 앞이 보이지도 않았고, 돌아갈 수는 없으니 계속 나아갈 뿐이었습니다. 환경이 힘겹다 보니 저 자신을 돌볼 겨를도 없었습니다. 그러한 제게서 그분은 은혜가 흐르는 것을 본 것입니다.

그때부터 부흥회를 하면 사람들이 모이기 시작했습니다. 한 1년 동안 하나님께서 사람들을 많이도 보내주셨습니다. 어렵게 목회를 하다 보니 빚도 조금 있었는데, 그 1년 동안 목회 빚을 다 갚았습니다. '아, 이만하면 살 만하다'는 생각이 들었습니다.

"아버지, 됐습니다. 이대로 하고 살지요. 빚도 없고 먹을 만하고 살 만합니다."

사람이 무서워지다
- 부도 이야기

하나님께서는 삼전동 성전이 꽉 찰 만큼 사람을 보내주셨습니다. 재정적으로도 먹고 살 만했고, 기도원도 제 뜻대로 움직였으니 여자로서 더 바랄 것이 없었습니다. 기도원에는 주일에도 그대로 머무는 지체들이 있었습니다. 다른 교회를 다녔지만 주일예배도 기도원에서 함께 드리기를 원하게 된 것입니다. 그래서 교회 간판을 달지 않은 기도원에서 주일예배를 드렸습니다. 주일예배 설교는 제가 하지 않고 전도사인 제 동생이 맡아서 하였습니다.

그 당시 지역 주민들이 몇 명 있었는데, 그 가운데 신발 장사를 하는 우리 교회 권찰인 한 여성도가 있었습니다. 체격도 크고 체격만큼이나 배짱도 컸습니다. 어느 날 그가 제게 이렇게 말했습니다.

"원장님의 선교 비전이 참 좋습니다. 돕고 싶습니다. 전도사님, 선교센터를 지어드리고 싶습니다."

그 말을 들으니 제 귀가 번쩍 뜨였습니다. 그리고 속으로 생각했습니다.

'아, 때가 됐구나.'

저는 너무나 기쁘고 감사한 마음으로 "네, 도와주세요"라고 말했습니다.

그 당시 제게는 가계 수표가 있었습니다. 그는 가계 수표가 있으면 추진하려는 사업이 더 잘될 것 같다고 말했습니다. 저는 무지하고 세상 물정에 아주 어두웠습니다. 그래서 제 도장과 함께 액면가 500만 원짜리 가계 수표 40장을 다 건네주었습니다. 가계 수표가 한낱 종이처럼 보이지만 유가 증권으로 현금 자산이라는 인식이 별로 없었습니다. 다만 선교센터를 지어주겠다는 말에만 꽂혀 겁도 없이 다 내준 것입니다.

500만 원짜리 가계 수표 40장이면 2억입니다. 30년 전의 2억이면 엄청난 액수입니다. 지금은 30억, 40억 하는 삼전동 골목 안에 있던 빌딩이 그 당시 3억 정도밖에 안 되었습니다. 그는 제 이름으로 발행된 가계 수표를 펑펑 쓰고 다녔던 모양입니다. 그리고 종국에 이르러 부도를 냈습니다. 부도 소식을 접하기 전까지는 그야말로 무사태평이었습니다.

부도가 나면 발행인인 저에게 책임이 있습니다. 저는 졸지에 제가 한 푼도 쓰지 않은 2억 4,500만 원을 갚아야 하는 처지에 놓였습니다. 쉬운 말로 사기를 당한 것입니다. 제가 얼마나 분별력이 없었는지 뒤늦게 후회해 봤자 이미 늦었습니다. 사기란 원래 속고 난 후에야 사기인 줄 알게 되니까요. 어쩌면 제 욕심도 일부 원인 제공을 했겠다는 생각도 했습니다.

알고 보니 그는 500만 원짜리 가계 수표를 악덕대부업자들에게 150만 원, 100만 원으로 깡(할인)을 해서 사용한 것입니다. 이들은 거의 조직폭력배를 대동하고 있습니다. 바로 이런 무시무시한 사람들이 저에게 돈을 받으러 오기 시작했습니다. 급기야 채권추심대행 깡패가 성전까지 찾아와 행패를 부리기 시작했습니다. 찾아와서 발행인이 젊은 여자라는 것을 확인하고는 더욱더 기세등등해졌습니다. 팬티만 입고 성전 바닥에 나뒹굴다시피 했습니다.

저는 더는 성전에 갈 수가 없었습니다. 아이들 학교 앞에서도 깡패들이 기다렸습니다. 그야말로 집 안에도 깡패(폭력, 폭설을 일삼던 남편), 집 밖에도 깡패, 난리가 났습니다. 어찌나 스트레스를 받았던지, 하루 만에 제 얼굴엔 기미가 새까맣게 피었고, 여드름 같은 열꽃이 피었습니다. 이렇듯 안팎으로 욱여쌈을 당하는 삶은 8년간이나 지속되었습니다. 8년간 사람에게 쫓기고, 재정에 쫓기고, 남편의 폭력에 쫓기는 신세가 되었습니다. 이러한 상황에서 사역했습니다. 기도가 없었다면, 하나님의 붙드심이 없었다면 그대로 무너졌을 것입니다.

하루하루가 지옥이요, 고통의 연속선상에 있으니 말로 표현하기 어려운 지경이었습니다. 내일이 보이지 않았습니다. 저는 매일 길을 걸으며 기도했습니다.
"주님, 오늘 하루만 이기면 삽니다."
그 당시 제가 눈물 콧물이 범벅되어 자주 불렀던 찬양이 "내일 일은 난 몰라요"였습니다.

1차, 2차, 3차 부도가 난다고 해서 부도를 막기 위해 4천 500만 원을 만들어 메웠습니다. 또다시 회수한다고 2천만 원을 퍼부었습니다. 그런 식으로 2억 6천만 원 정도를 다 날려버렸습니다. 제 수중엔 500만 원밖에 없는 상태에서 이것들을 메우다 보니 원치 않는 빚을 또 지게 되었습니다. 빚 없이 소박하게 살겠다는 다짐이 허사가 된 것입니다.

이러한 난관을 통과하면서 저는 사회와 법과 사람에 대한 통찰력이 생겼습니다. 그리고 하나님을 더욱더 의지하게 되었습니다. 세상에서 아무리 똑똑하고 난다 긴다 하더라도 하나님이 잠시라도 눈을 가리시면 속수무책입니다.
이 일 이후 저는 사람이 제일 무서워졌습니다.

"네가 잃어버린 것보다 얻은 것이 훨씬 많을 것이다"

"또 여호와를 기뻐하라 그가 네 마음의 소원을 네게 이루어 주시리로다" 시편 37:4

하루는 부흥회를 마치고 돌아오니 성전이 아수라장이었습니다. 모든 기물이 부서져 있고, 강대상도 도끼로 쪼개져 있었습니다. 벌써 수십 번 반복된 일이었습니다. 다시 일어날 용기가 나지 않아 청계산으로 올라가는데, 여름 장맛비가 억수같이 쏟아졌습니다. '하늘도 울고 나도 울자'는 생각으로 무덤이 있는 쪽으로 가서 얼마나 뒹굴고 울었던지 머리에서 발까지 진흙으로 범벅이 되었습니다.

그때 성령님께서, "내가 너로 할 말 있게 해주마. 눈물이 기쁨이 되어 돌아올 것이다"라고 위로해 주셨습니다.

문제는 우리를 죽이고 멸망시키는 게 아닙니다. 하나님을 찾게 하고 만나게 해주는 통로가 됩니다. 문제의 구덩이를 나오는 길은 무섭게 기도하는 것입니다. 문제의 구덩이들은 우리의 죄를 그치게 만듭니다.

원래 교회에서나 세상에서나 어떤 문제가 터지면 사람들이 떠나기 마련입니다. 부도가 나고 제가 어려움에 부닥치니까 저와 함께 기도했던 그 많은 사람이 이런저런 이유로 발을 뚝 끊어버렸습니다. 원래 산은 못생긴 나무가 지키는 법입니다. 잘생긴 나무는 이놈이 잘라가고 저놈이 잘라가고, 다 잘라갑니다. 반면에 못생긴 나무는 아무도 거들떠보지 않습니다. 이처럼 제 옆에는 아주 약하고 힘든 그런 사람들만 남았습니다.

'아, 이 일을 어떻게 해결해야 하나?'

다시 금식에 돌입할 수밖에 없었습니다. 하지만 저는 금식을 하면서도 하나님께 따져 물으며 시위를 했습니다.

"왜 이런 시련을 주셨습니까? 하나님이 허락하셨기 때문이라는 것을 압니다. 왜 하필이면 그 여자를 보내셨습니까? 왜 눈이 어두워 못 보게 하셨습니까?"

그럼에도 불구하고 하나님께서 이번에도 은혜 가운데 잘 해결해 주셨습니다. 그러나 더는 삼전동에서 목회를 계속할 수 없었습니다. 성전을 내놓았지만 좀처럼 나가지 않았습니다. 그러나 하나님의 때가 되자 이 문제도 하나님이 해결해 주셨습니다. 내내 묶여 있다가 드디어 풀린 것입니다. 아무튼 삼전동에서 보증금 다 날리고, 바닥을 치면서 '삼전'(三錢)도 못 건지고 나왔습니다.

"그의 발은 차꼬를 차고 그의 몸은 쇠사슬에 매였으니 곧 여호와의 말씀이 응할 때까지라 그의 말씀이 그를 단련하였도다 왕이 사람을 보내어 그를 석방함이여…" 시편 105:18-20

요셉이 있던 감옥에 여호와의 말씀이 응하며 차꼬가 풀렸다고 했습니다. 제 감옥은 삼전동이었습니다. 되는 일이 없었으니까요. 상황 자체가 코너에 몰려 있다 보니 뒤로 넘어져도 코가 깨졌고, 앞으로 넘어져도 뒤통수가 깨졌습니다. 요셉을 단련시키셨던 하나님이 제 인격도 다듬어가고 단련시키기 시작하셨습니다.

저는 참을성도 없고 조급한 사람이었습니다. 이외에도 나쁜 요소들이 많았습니다. 한 예를 들자면, 옛날에 부업으로 뜨개질을 한 적이 있었습니다. 제가 성미가 급해서 다른 사람보다 훨씬 많이 했습니다. 양으로는 제가 만들어 온 것이 제일 많았습니다. 그것들을 자신 있게 내밀면, 일을 주신 아주머니가 길게 한숨을 쉬곤 했습니다. 급기야 나중에는 일감을 주지 않았습니다. 그리고 고치는 것이 더 힘들기 때문이라고 그 이유를 말했습니다. 뜨개질 코를 아무리 잘 가르쳐줘도 제 마음대로 해버리니까 도저히 뒷감당이 안 된다는 것이었습니다. 이러한 저를 하나님께서는 부수고, 다시 빚어나가셨습니다.

그 일을 겪으면서 하나님께 몸부림치며 기도한 것이 있습니다.
"아버지, 사람 보는 눈을 열어주십시오! 사람을 알아보는 눈을 열어주십시오."

그때 성령님이 제게 말씀하셨습니다.
"네가 잃어버린 것보다 얻은 것이 훨씬 많을 것이다."
이 말씀에 제 입에서 쉽게 '아멘'이 나오지 않았습니다. 더는 잃어버릴 것도 없지만, 이 바닥에서 빚이 억대가 넘는데 어떻게 감당하란 것인지 암담하기만 하였습니다. 아침마다 눈을 뜨면 마음이 추워서 견딜 수가 없었습니다. 불안감과 공포가 몰아닥치는데, 정신 나가는 줄 알았습니다. 그럴 때마다 하나님 앞에 몸부림치며 눈물로 부르짖었습니다. 그리고 기도를 마치고 내려오는 순간, 다시 불안이 엄습하는 일이 반복되었습니다. 그러면 다시 올라가서 기도하고, 또 기도하는데 성령님이 말씀하셨습니다.

"앞으로 얻을 것이 더 많을 것이다. 하나님께서 많은 구슬을 주셨다. 그런데 이것들이 다 흩어져 있지 않으냐? 구슬은 꿰어야 쓸모가 있다."

그래서 하나님이 주시는 영감에 순종하여 일하기 시작했습니다. 돈을 받으러 찾아오고 욕하는 사람들에게 신경을 쓰지 않기로 했습니다. 목회하면서 8년 동안 인내하며 견뎠습니다.
'어차피 하나님께서 이 모든 환경을 허락하셨다면, 하나님밖에는 이 환경을 해결하실 분이 없다. 나는 오로지 아버지의 마음에 잘 들어야 한다.'
그리고 시편 말씀을 붙잡았습니다.

"또 여호와를 기뻐하라 그가 네 마음의 소원을 네게 이루어주시리로다" 시편 37:4

오직 이 말씀만 붙잡고 나아갔습니다. 그 당시 제 마음의 소원은 우리 교회가 빨리 부흥되는 것이었습니다.

돈으로 저를
움직일 수 없습니다

　모든 일에는 때가 있다는 것을 2억 부도가 나면서 깨달았습니다. 만약 그 부도가 터지지 않았더라면 '때'라는 것을 몰랐을 것입니다. 조급하고 성급한 성격 때문에 실수를 많이 했습니다. 돈을 엄청나게 지출하고 나서야 배우게 되었습니다.

　개척 초기에 경제적인 어려움이 있었을 때는 헌금을 해주는 분들이 너무나 귀하게 여겨졌습니다. 축복권이 있다고 소문이 나자 기업인들이 기도 부탁을 많이 해왔습니다.
　"목사님, 이 땅 팔아 주시면 헌금할게요."

　기도 제목을 안고 삼각산 꼭대기에 올라가 바위에 엎드려 무릎이 벗겨져 피가 나도록 기도했습니다. 그러면 하나님께서 응답해 주셔서 언제 어떻게 매매가 되는지 정확히 알려주셨습니다.

"집사님, 며칠날 사람이 올 거예요. 값을 얼마를 부르세요."

이렇게 말할 정도로 확실한 응답을 많이 받았습니다. 하나님 앞에 피가 터지게 기도하는 마음은 두 가지였습니다. 물론 하나님의 일도 있지만, 생활해 나가야 했기 때문입니다. 경제적인 문제가 연결되어 그렇게 기도를 했습니다. 본의는 아니었지만 어쩔 수 없이 이런 기도에 매달리자 하나님께서 가만두지 않으셔서 부도가 나게 된 것입니다(나중에 돌아보며 생각해 보면서 깨닫게 된 것입니다).

그 부도를 막느라고 톡톡히 고생했습니다. 그 후로도 사람들이 또 문제를 안고 와서 말합니다.

"이 문제가 해결되면 지분을 20퍼센트 드리겠습니다. 십일조를 하겠습니다."

그러면 저는 이렇게 말합니다.

"안 해도 괜찮습니다. 기도는 해 드리겠습니다. 응답받고 바치고 싶으면 그렇게 하시고, 내키지 않으면 그만두세요. 하나님께서 다른 길을 통해 응답하실 겁니다."

이제 돈을 가지고는 저를 못 움직입니다. 하나님께서 그렇게 만드셨습니다. 제 마음을 사야 합니다. 피를 토하는 아픔의 값을 지불하고 배운 교훈입니다. 제 목회 현장에서 당장 오늘 먹어야 하는 문제들을 해결해야만 했기에 '해결사', '족집게' 이런 쪽으로 움직였던 것이고, 하나님께 죽도록 매를 맞았습니다. 8년 동안 엄청난 대가를 지불해야 했습니다. 그 후에야 제 위치를 회복할 수 있었습니다.

돈을 보고 사역하면 안 됩니다. 그 사람이 떠난 뒷자리가 조용하고 깨끗해야 합니다.

세 개의 간판

삼전동에 살다가 오금동으로 옮겼습니다. 성령님이 여기서는 교회를 개척하라고 하셨습니다. 저는 18년 이상 영성원 사역을 했습니다. 그리고 스물아홉 살 때부터 국내외 부흥회 강사로 활동했습니다. 또 제자들을 양성하고 가르치는 일을 해왔으며, 세미나도 많이 개최했습니다. 그렇게 많은 훈련을 거쳤지만, 교회를 개척한다는 것은 마음속에 부담이 되었습니다. 가능하다면 목회는 하지 않고 기도원만 운영하고 싶었습니다. 그야말로 변화산에서 초막 셋을 짓고 그냥 살기를 원했습니다.

그러나 하나님께서는 또 다른 변화의 시기를 주셔서 목회하게 하셨습니다. 기도원을 운영하다가 교회를 개척하는 것이기 때문에, 즉 이전의 사역은 내버려 두고 시작해야 하므로 새로운 다짐과 준비가 필요했습니다.

교회 목회를 위해 1년간 준비했습니다. 제일 먼저 목회할 지역을 조사했습니다. 어디에서 목회할 것인지, 내가 목회를 하게 될 곳 주변 교회의 목사님들은 어떠한 분이지, 그분들의 목회 스타일은 어떠한지 등을 조사했습니다. 그리고 교회 성장과 관련된 책들을 100권 이상 독파했습니다. 책 속에는 찾고자 하는 길들이 숨어 있고 또 앞서 행한 선배들의 지혜와 경험과 깨우침이 담겨 있기 때문입니다. 4년 동안 지도자 과정 훈련을 받으면서 죽을 고비를 세 번이나 넘겼습니다.

서른네 살 되는 8월에 송파에 입성하였습니다. 그리고 서른여섯 살 되는 해 9월에 교회를 개척하였습니다. 불과 석 달 만에 출석 성도가 100명, 그리고 5년 6개월 만에 400명에 이르게 되었습니다. 전체적으로 준비를 했는데도, 시작하고 나서 점검해 보니 또 해야 할 것이 있었습니다. 그래서 다시 2년을 준비했습니다.

그다음에는 신학교를 하라고 하셨습니다. 그리고 그다음에는 영성원을 하라고 하셨습니다. 셋을 다 하라고 하셔서 겁도 없이 신학교, 교회, 영성원 간판 세 개를 다 걸었습니다. 신학교 사무실을 한다고 그 비싼 곳에다가 한 달에 200만 원씩 비싼 임대료를 지불해 가면서 했습니다. 그것도 하나님이 주신 배짱입니다. 장소를 얻은 다음에 책상을 갖다 놓고 교수들을 섭외하러 다녔습니다. 학교를 할 준비를 그때 하게 되었습니다.

그런데 아무리 기도를 해도 짐이 너무 무거워서 감당이 안 되는 것입니다. 한 개도 헐떡거릴 형편에 세 개를 짊어지고 기도하는데, 셋 다 감동이 오니까 감당해 나갈 수밖에 없었습니다.

이렇게 세 개가 감동이 다 왔다고 그것을 한꺼번에 풀 수는 없습니다. 또 그렇게 해서도 안 됩니다. 오로지 하나님 아버지께 순종하기 위해서 비싼 임대료도 내고, 책상이니 뭐니 기물 준비도 마쳤습니다. 이렇게 열심히 준비했는데도 제 마음은 왠지 무거웠습니다.

하나님께서 제게 주신 일이라면 아무리 어려울지라도 제 마음에 틀림없이 기쁨이 있어야 할 텐데 말입니다. 또 제 속에서부터 역동적인 힘이 솟구쳐야 될 텐데 말입니다. 시간이 흐를수록 오히려 상황이 밑으로 가라앉았습니다. 결국, 하나님께 부르짖었습니다.

"하나님, 제게 지혜를 주십시오!"
그랬더니 성령님께서 감동을 주셨습니다.
"먼저 영성원 간판을 달아라. 그리고 사람들을 모이게 하여라. 거기에 너와 함께할 자들이 있을 것이다."

우리 하나님은 모사와 지략의 하나님이시라는 것을 제가 깜빡한 것입니다. 제가 다독을 하면서 읽었던 책들 가운데 《세상을 뒤바꾼 책사들의 이야기》가 있습니다. 그러나 뭐니 뭐니 해도 하나님의 성경을 따라갈 책은 세상에 없습니다. 하나님의 모사와 지략을 따라갈 자도 없습니다. 하나님의 성경만이 모략과 모사의 진정한 지혜서이기 때문입니다. 따라서 저 김록이의 책사는 오로지 하나님이십니다.

저는 영성원 간판을 걸었습니다. 그리고 열심히 기도하며 매달렸습니다. 그러자 사람들이 오기 시작했습니다. 그리고 때가 되자 영성원 간판을 내리고 교회 간판으로 바꾸어 달았습니다. 교회는 지·정·의가 갖춰져야 합니다. 이미 영성원으로 소문이 나 있었기 때문에 초교파적인 체질을 갖추고 있었습니다. 영성원 간판을 내렸지만 기도할 시간만 되면 사람들이 왔습니다. 비록 교인의 숫자는 불어나지 않더라도 기도하러 오는 사람들이 날마다 물갈이가 되니까 거기에서 힘을 얻을 수 있었습니다. 공부가 되고 많은 것을 얻을 수 있었습니다. 사람이 사람에게 힘을 주는 것입니다. 이처럼 천하의 범사가 다 때가 있습니다.

지하에 영성센터를 두고 본당은 2층이었습니다. 두 가지의 사역을 병행했는데, 초교파적인 사역으로 센터사역을 했고, 교회사역은 위에서 했습니다. 초교파적 사역을 몇 년 하는 동안 하나님께서 전국 회원이 1,800명 정도가 되게 만들어 주셨습니다. 교회는 어린이를 포함하여 한 400명 정도가 되었습니다.

이 두 가지의 사역을 양분하여 일하면서 하루에 3시간 이상을 자본 적이 없었습니다. 왜냐하면 이 두 가지 사역을 전혀 다른 모습으로 해야 했기 때문입니다. 한 밭에 두 가지 씨를 뿌리면 결국은 안 되게 되어 있습니다. 그러므로 두 가지를 잘 이원화시켜서 하려면 체력과 능력과 지력이 모두 필요했습니다.

체력에 한계가 있고 힘에 부쳐서 결국 한쪽을 접었습니다. 인천에 와서는 목회에만 전념하고 있습니다. 두 가지를 병행할 수 없다는 결론을 내렸습니다.

기도원은 주로 야생마들이 오는데 그들의 성향이 날이 갈수록 점점 더 강해집니다. 그 야생마들과 교회의 순한 양들이 섞이게 되자 점점 더 야생마의 체질을 닮아가기 시작하는 것이었습니다. 부드러운 풀로 해결이 안 되는 그 강성의 성도들을 다스리려면 풀이 강해져야 하는데, 그러면 그들도 강해지고 저도 강해져야 했습니다.

홀로 서게 하라

⟨영혼을 강건케 하는 선포문⟩

내가 예수 그리스도 이름으로 명하노니
나의 영혼은 강건케 될지어다!
나의 영혼을 더럽히는 악한 세력은 떠나갈지어다!
나의 영혼을 약하게 만드는 모든 악한 세력은 파쇄될지어다!
내가 더러운 영적 세력을 향해 예수의 보혈을 뿌리노라!
나로 하여금 하나님의 능력을 취하지 못하게 하는
악한 세력은 파쇄될지어다!
나의 영혼을 강건치 못하게 방해하는 모든 악한 영아,
내가 나사렛 예수의 이름으로 꾸짖노니 떠나갈지어다!

주님의 보혈로 완전히 너의 활동을 묶노라!
너는 나를 조금도 건드리지 못할지어다!
예수의 보혈이 나를 덮으니 나의 영혼은 강건해졌노라!

교회사역을 시작하면서부터 교육 프로그램을 만들었습니다. 성도들에게 문제가 있을 때도 직접 기도하게 했습니다. 만약 가지고 오는 문제마다 저를 통해서 문제 해결을 받는다면, 평생 그들에게 답을 주는 자밖에 되지 못할 것입니다. 그러다가 제가 없어진다면 그들은 또다시 누군가에게 기대어 답을 요청할 수밖에 없을 것입니다.

'홀로 서게 만들어줘야겠다.'
이것이 제 결론이었습니다. 그래서 냉정하게도 강하게도 하면서 성도들을 훈련해 나갔습니다.

하루는 작두를 타는 처녀 무당이 찾아왔습니다. 언니가 데려와서 고쳐달라고 부탁을 하였습니다.
"목사님, 기도 좀 해주세요."
그 자매에게 말했습니다.
"여기서 40일을 있으려면 있고, 그렇게 못하겠으면 그냥 가세요."
그리고 그 언니에게도 말했습니다.
"가족이 와서 같이 40일 동안을 있으려면 있고, 못하겠으면 다른 데로 데려가세요."

처음 기도원을 할 때 제게 왔던 사람들은 거의 다 조현병 환자들이었습니다. 저는 이러한 환자를 다루는 일을 두려워하지 않습니다. 하지만 양육하는 데 있어서 정신병자가 한 사람 들어오면 양육을 할 수가 없게 되어버립니다. 영을 다 흐려놓아 집중력이 떨어져 졸음이 오게 만듭니다. 100명을 가르치는 것보다 더 많은 영력이 필요합니다.

그럴 바에는 전문가에게 보내야 합니다. 잘 판단한 후에 제 전문 분야가 아니다 싶으면 전문가를 소개해 줍니다. 그리고 제가 감당할 수 있는 부분만 수용합니다.
'아, 나는 기도하는 일과 가르치는 일에 전념해야겠구나.'
수많은 일을 섭렵하다가 통찰력을 얻은 후에 갖게 된 깨달음이었습니다.

그 가족들이 40일간 자매와 함께 교회에서 예배를 드렸습니다. 그 자매를 만나도 안수를 해주지 않았습니다.
"잘 잤니?"
"예."

그리고 그만이었습니다.

그런데 하루는 올라가니까 그 가족들이 부탁하였습니다.

"목사님, 안수 한 번만 해주세요."

그래서 처녀의 이름을 부르면서 말했습니다.

"○○야, 너 혼자 일어설 수 있어. 내가 너에게 안수하면 하나님은 역사하시겠지. 그리고 너도 지금 안수를 받으면 틀림없이 깨끗해질 것이라고 믿어질 거야. 그러나 다음에 네게 이런 일이 또 생겨. 그때 또 나를 찾아야 해. 그러니까 너 혼자 일어나."

안수를 해주지 않고 내려왔습니다. 귀신이 처녀를 사로잡으니까 감당할 수 없을 지경이 되었습니다. 괴성을 지르고 발악을 하였습니다. 놀란 가족들이 뛰어 내려와 절박한 목소리로 저를 불러댔습니다.

"목사님! 목사님!"

"내버려 두세요. 어떤 일에든지 명현현상은 있는 것입니다(영적 명현현상). 그 과정을 통과해야 혼자 설 수 있습니다. 그렇지 않으면 평생 그렇게밖에 살 수 없어요. 여기는 하나님의 전이니까 내버려 두세요. 손대지 않아도 기도하고 있습니다. 하나님의 영이 다스리고 있을 겁니다."

자매는 정말 그 고비를 잘 넘기고 깨끗하게 고침을 받았습니다. 그 자매 아래에 대 잡는 무당 등 새끼 무당이 세 명이 있었습니다.

자매 하나가 고쳐지니까 새끼 무당 셋은 저절로 고쳐졌습니다.

하나님께서는 우리가 손을 얹지 않아도 하나님의 영이 직접 하신다는 것을 가르쳐주셨습니다. 그러면 다시 귀신이 찾아와도 지난번에 이겼던 것을 상기시키면 자신을 갖게 되는 것입니다.

나중에 그 자매가 이런 고백을 하였습니다.
"목사님, 그때 귀신이 저를 괴롭히는데 목사님이 오시면 귀신이 쪼그라들어서 가만히 있다가, 목사님이 가시고 나면 발광을 부리고 그랬어요. 목사님 발소리만 쿵쿵 나도 '온다, 온다, 온다' 그러고 조용해졌어요. 그리고 목사님이 한 번만 손 얹어주시면 머리 아프고 온 몸이 지끈거리는 게 나을 것 같았는데, '네가 이겨내…' 하고 나가버리시니까 정말 죽어버리고 싶었어요. 어느 때는 칼 들고 가서 목사님을 찔러 죽여버리고 싶더라니까요."
"하하, 죽이지 그랬니?"
자매가 크게 웃으며 말했습니다.
"그때 저에게 손을 얹지 않아 감사해요."

일단 나간 귀신은 떠나도 영원히 떠나지 않고 우는 사자와 같이 떠돌아다니면서 삼킬 자를 찾기 때문입니다. 그 자매의 소원은 정상인처럼 사는 것이었는데, 지금 아주 건강하게 잘살고 있습니다.

집필자가 되어

부도로 2억 4,500만 원 정도를 다 날려버린 후, 8년간의 연단이 지속되었습니다. 말이 억이지, 제게 억이란 엄청난 돈이었습니다. 그 과정에서 하나님은 저를 단련하시어 순금처럼 나오게 하셨습니다. 그런데 제가 잃은 것보다 얻는 것이 더 많아질 것이라고 성령님이 말씀하셨습니다.

제게 하나님의 말씀이 없었다면 아마 그 시간을 넘어갈 수 없었을 것입니다. 저는 성경을 보면서 하나님이 이끄시지 않으면 꼼짝할 수 없다는 것을 깨달았습니다. 이 모든 문제의 원인이었던 그 여자를 쫓아다닌다고 해결될 문제도 아니었습니다.

빚 문제에서도 하나님은 연대 보증인이셨습니다. 그러니 제 능력으로 못 갚는 빚은 하나님이 갚아주셔야 했습니다. 그래서 저는 하나님께서 이 빚을 갚아달라고 8년을 기도했습니다.

부도가 나기 전까지는 사람을 겁낸 적이 없습니다. 남자이건 여자이건 무서워한 적이 없습니다. 그러나 부도가 난 다음부터는 사람이 무서워졌습니다. 제가 사람을 휘어잡을 수 있다고 자신했는데, 사람이 무섭다는 것을 깨닫고 자만심에서 벗어날 수 있었습니다.

또한 이 시기에 성령님께서 제게 책을 쓰라고 말씀하셔서 책을 쓰기 시작했습니다. 성령님이 이끄시는 대로 열심히 책을 쓰고 교재를 만들었습니다. 그리고 그것을 기반으로 전 세계를 다닐 수 있었고, 1천억 규모의 돈을 움직일 수 있었습니다. 저는 단지 주님만 붙잡고 기도했을 뿐입니다. 기도의 끝은 반드시 오게 되어 있습니다.

저는 예수를 믿으면 운명이 바뀐다는 말을 듣고 예수를 믿었습니다. 역시 인생이 바뀌긴 했습니다. 제 인생 행로가 달라졌으니까요. 그러나 그 여정이 결코 평탄치 않았습니다. 고난이 늘 따라다녔습니다. 인생의 긴 터널을 지나면서 자괴감에 빠지기도 했습니다.
'도대체 난 왜 이런 거야?'
그러나 제게는 하나님을 절대 배반하지 않겠다는 의리가 있었습니다. 그래서 다시 힘을 내서 날마다 충성을 다했지만, 여전히 삶은 힘들고 어려웠습니다. 하루하루가 고통의 연속이었습니다. 기도만 하면 천국이고, 눈을 뜨면 지옥이었습니다. 기도만 하면 소망이 넘치고 힘이 넘쳤습니다. 열흘씩 기도를 해도 목소리가 쩌렁쩌렁했습니다. 어디에서 그런 힘이 나오는지…. 하나님이 함께해 주셨기 때문이겠지요.

세월이 지나고 보니 저를 하나님의 사람으로 만드시기 위한 훈련 과정이었습니다. 하나님이 힘도 주시면서 문제도 주시기 때문에 감당치 못할 시험을 주신 적이 없었던 것입니다. 그래서 저는 그 모든 고난을 체력적으로, 정신력으로, 영적으로, 재정적으로 다 이겨낼 수 있었습니다. 제게 그러한 고난이 없었더라면 흔들리지 않고 초지일관하기 힘들었을 것입니다.

그 후에는 제 인생의 짐 외에 다른 사람의 짐도 지게 되었습니다. 예컨대 개척 시절부터 제 옆에는 늘 신학생들이 많았습니다. 학비를 못 내는 신학생들을 돕는 것 역시 제가 자원한 짐이었습니다. 그런데 시간이 지날수록 이 짐도 점점 커지기 시작했습니다. 짐이 버거워지면 다시 주께 기도할 수밖에 없었습니다.

"너는 할 수 있다. 너는 될 수 있다.
너는 이룰 수 있다."

　사람들이 구름떼처럼 모인 큰 집회에도 많이 참석해 보았고, 유명한 부흥사나 목사님들의 세미나에도 빠짐없이 참석하여 배우려고 노력하였습니다.

　'나하고 별 차이도 없네? 나도 저 정도는 하겠다! 내가 저분보다 능력이 없나, 뭐가 없나? 예언이 없나, 신유가 없나? 나도 나사렛 예수의 이름으로 붙어! 하니까 붙었잖아?'

　제 눈에는 큰 집회의 강사나 저나 오십보백보 같은데 저한테는 사람이 모여들지 않는 것이었습니다.

　그래서 눈물 콧물이 범벅이 되어 통곡을 하였습니다. 저는 한번 울기 시작하면 아주 끝장을 보는 성미입니다. 아버지가 제 기도에 응답해 뭔가를 주셔야 끝냅니다.

"김록이의 하나님은 아닙니까?"

얼마를 울고 나서 성령의 감동이 느껴졌습니다. 다른 사람들은 그 모든 것을 거저 얻었다고 생각하지 말라는 것이었습니다. 그 사람들도 그 위치에 가기까지 시간과 땀과 눈물을 흘렸다는 것입니다.
"조바심 내지 말고 기다려라."
기다린다는 것이 얼마나 힘이 드는지, 정말 죽을 것 같았습니다. 그러나 그 기다림 속에서 준비가 이루어지는 것입니다.

그 후로 기도원이나 세미나에 참석하면 그들이 가진 특성들을 찾아 연습해 나갔습니다. 남들이 잘하는 것, 남들이 잘되는 것을 보고 충격을 받아야 합니다. 부러움으로 속만 부글부글 끓이지 말고 그 힘으로 더욱 열심을 내야 합니다. 그럴수록 기를 쓰고 배워야 열매가 있습니다. 충격을 받아야 변화와 발전이 있다는 것을 기억해야 합니다.

우리나라의 목회자치고 조용기 목사님처럼 되고 싶지 않은 분이 어디 있겠습니까. 아마 한두 번쯤은 그렇게 되고 싶다고 생각하면서, 조용기 목사님의 말투까지 흉내를 내보고 했을 것입니다. 흉내도 내고 기도도 하지만 그분만큼 하시는 분이 지금은 없습니다.

목회는 하나님의 축복입니다. 하나님께서 그 시대 시대마다 특별하게 쓰시는 분들이 있다는 것을 알아야 합니다. 그분들의 뒤를 보니까 순교가 있습니다. 부모의 순교나 자신의 순교, 아니면 자녀가 희생되었든지, 꼭 있었습니다.

이것을 깨닫게 하신 것입니다.

'아, 절대로 그냥 되는 게 없구나! 이 세상의 원리는 공짜가 없구나!'

한번은 제 동기생이 성전을 건축했다며 저를 초대했습니다. 가서 보니까 성전이 아담하면서도 아주 아름다웠습니다. 저는 또 그 친구와 저를 여러 면에서 비교하기 시작했습니다. 우선 기도 스타일이 저와 다릅니다. 부르짖으며 기도하는 저와는 달리 그 친구는 기도하는지 안 하는지 모를 정도로 조용하게 합니다. 그 모양이 답답해서 기도 좀 세게 하라고 하면 하나님이 귀먹었느냐고 면박을 줍니다.

또 제 목소리는 영감처럼 쉬고 탁한데, 그 친구는 곱고 낭랑했습니다. 그런데 저보다 나중에 목회를 시작한 그가 교회를 건축한 것을 보니 배가 많이 아팠습니다. 얼마나 배가 아팠던지 잠이 오지 않을 정도였습니다.

하나님 앞에 울면서 기도했습니다.

"아버지! 그 사람은 누구고, 저는 누구예요? 네? 하나님은 그 사람만의 하나님입니까? 저의 하나님은 아닙니까?"

그런데 알고 보니 그 친구의 집은 4대째 신앙을 이어왔습니다. 게다가 부모님이 순교했습니다. 육신의 선교가 아니라 순교에 버금가는 헌신을 했습니다. 그래서 그가 목양의 축복을 받은 것입니다. 목양은 하나님의 축복입니다.

한번은 〈시스터 액트〉라는 영화를 보게 되었습니다. 흑인 여배우인 우피 골드버그가 등장하는 영화였습니다. 주인공인 나이트클럽의 가수가 도피 목적으로 어쩔 수 없이 잠시 수녀원에서 가짜 수녀 노릇을 하게 되는 이야기입니다.

그녀는 성가를 부르는데 기존의 전통과 틀을 깨버리고 신나고 흥겹게 부릅니다. 무대를 주름잡으며 성가를 부르는 것을 보는 순간, '맞아! 저게 내 모습이야!' 생각했습니다. 그 자유로움을 보고, 강대상 앞에서 규격화된 모습으로는 안 되겠다는 생각을 한 것입니다.

시스터 액트를 보고 난 후에 '너는 너같이 돼라'는 강력한 도전을 받았습니다. 그 후 저는 나 같은 모습을 찾기 위해서 노력했습니다.

삼각산에는 제 무대가 있습니다. 형제봉으로 올라가는 길 중간에 있는 넓은 바위입니다. 그날부터 저는 밤중에 제 무대에 올라갔습니다. 사람이 있을 때는 곤란하니까 한밤중에 올라갔습니다. 하나님께서는 기도 훈련을 시키실 때, 나무를 향해서도, 별빛을 보고도, 불빛을 보고도 설교를 시키셨습니다. 그래서 불빛을 노려보면서 설교도

하였습니다. 노려보는 훈련을 참 많이 하였습니다. 그래서 그런지 언젠가 미장원에 갔더니 미용사들이 말했습니다.

"목사님은 카리스마 빼면 시체예요. 목사님은 눈에 힘만 좀 빼시면 아주 인기 있을 거예요. 좀 무서워요."

'내 눈이 언제부터 이렇게 무서워졌지?'

아마 삼각산에서 별빛, 불빛을 보고 설교 연습을 하던 그때부터인 것 같았습니다.

그 넓은 바위 무대에서 혼자 춤도 추고 하나님의 말씀을 효과적으로 전하기 위해 온갖 동작을 다 해보았습니다. 능력 있게 찬송하는 흉내, 멋있는 포즈를 취하면서 엘비스 프레슬리의 개다리춤부터 시작해서 이호문 목사님의 설교 동작, 그 외 유명한 목사님들의 말투, 생각나는 것은 모두 흉내를 내보았습니다. 그 많은 분을 연구해서 섭렵하고 나서야 겨우 제 모습을 찾을 수 있었습니다. 그리고 깨달았습니다.

'저 사람은 저 모습대로, 나는 내 모습대로 쓰시는구나!'

4.
광야를 지나다

엘리사처럼

　강도사 시절, 도대체 하나님께서 제게 원하시는 것이 무엇인지 분명하게 잡히지 않았습니다. 너무나 많은 사역 방향이 제 눈앞에 있었기 때문입니다. 그래서 울면서 기도하다가 누구에게선가 들은 적이 있었던 것이 생각나서 어느 교회에 찾아가 밤샘 기도를 보았습니다.

　아주 젊은 여자 목사님이 계셨는데, 사역을 아주 완벽히 잘하고 있었습니다. 찬양도 뜨겁게 하고, 성도들이 기도도 뜨겁게 하는 것이었습니다. 그러나 설교는 가르치는 스타일이었는데 특별하지도 않고 보통이었습니다.

　당시 강도사였던 저는 뒤에 앉아서 처음부터 끝까지 집중해서 예배를 살펴보았습니다. 다른 사람들이 눈을 감고 기도할 때도 저는 눈을 뜨고 살펴보았습니다. 하나하나 메모를 해가면서 관찰하였습니다.

'아, 기도는 저렇게 하고, 찬양은 이렇게 하는 거구나!'

그런데 속에서 뭔가 복받쳐 올라오는 것이었습니다.

'너는 뭐고, 나는 뭐냐?'

오열이 솟구쳤습니다.

저 젊은 여자 목사님의 하나님은 누구고, 나의 하나님은 누구시냐는 의문이 생겨났던 것입니다. 엘리사처럼 도전해 보았습니다.

> "두 사람이 길을 가며 말하더니 불수레와 불말들이 두 사람을 갈라놓고 엘리야가 회오리바람으로 하늘로 올라가더라 엘리사가 보고 소리 지르되 내 아버지여 내 아버지여 이스라엘의 병거와 그 마병이여 하더니 다시 보이지 아니하는지라 이에 엘리사가 자기의 옷을 잡아 둘로 찢고 엘리야의 몸에서 떨어진 겉옷을 주워 가지고 돌아와 요단 언덕에 서서 엘리야의 몸에서 떨어진 그의 겉옷을 가지고 물을 치며 이르되 엘리야의 하나님 여호와는 어디 계시니이까 하고 그도 물을 치매 물이 이리저리 갈라지고 엘리사가 건너니라" 열왕기하 2:11-14

엘리야의 하나님은 누구고, 나의 하나님은 누구냐던 엘리사는 화를 못 이겨 자기 옷을 찢었습니다. 그 당시엔 합성섬유가 없었습니다. 그러나 아무리 천연섬유였다고 해도 옷을 둘로 찢는다는 것은

4. 광야를 지나다

쉽지 않은 일이었을 겁니다. 성경을 읽다가 저도 실제로 옷을 찢으려고 시도해 보았습니다. 엘리사의 능력을 받고 싶은 나머지 따라서 해 보았던 것입니다. 그러나 잘 안 되었습니다. 아무리 손힘이 세도 옷을 찢기란 쉽지 않았습니다. 엘리사가 그렇게 옷을 찢을 수 있었던 것은 아마 그의 의분과 열정이 더해진 상태에서 "내 아버지여! 내 아버지여!" 하고 부르짖었기 때문에 찢어진 것일 겁니다.

저도 부르짖었습니다.
"하나님, 저를 쓰시겠다고 부르셨다면 제게 확실한 비전을 주십시오."

저는 온 힘을 다해 "주여!"를 부르짖어야 기도가 됩니다. 그런데 그 목사님은 잔잔한 목소리로 "주여!" 할 뿐입니다. 아무래도 분위기가 저랑 안 맞는 것 같아서 청계산으로 올라가서 밤새도록 울면서 기도했습니다.

"하나님! 나의 하나님은 누구고, 그의 하나님은 누굽니까?"
"하나님, 엘리야처럼 되게 하시고, 바울처럼 되게 하시고…."

그런데 주님이 물으셨습니다.
"너 바울처럼 사람 죽일 수 있겠느냐?(바울은 회심하기 전 사울이었을 때, 스데반 집사를 돌로 쳐 죽이는 것을 지지했고, 그리스도인들을 붙잡아 죽이는 일에 앞장섰음) 너 엘리야처럼 할 수 있겠느냐?"

"아무리 생각해도 전 그렇게 못합니다."

"너는 너같이 되어라."

교회도 부흥이 되고 하니까 저는 산에 가서 계속 기도를 했습니다.

'도대체 나의 나 된 것을 내가 잘 모르겠는데, 나는 도대체 어떻게 해야 하는 거지? 나는 나같이 되는 게 뭐냐고?'

그러자 하나님이 전에 남편에게 폭행과 핍박을 당한 뒤 삼각산에 가서 기도할 때 하셨던 말씀을 또다시 하셨습니다.

"너는 할 수 있다. 너는 될 수 있다. 너는 이룰 수 있다."

그 말씀에 다시 힘을 얻은 저는 대답했습니다.

"네, 하나님! 그럼 제가 하겠습니다."

저는 산에서 내려와서 곧바로 목요 철야를 시작했습니다. 처음부터 목요 철야가 활성화되고 잘되었던 것은 아닙니다. 중간에 포기해야 하나 하는 어려움도 여러 가지 있었지만, 꾸준히 이어왔습니다.

그날 밤 청계산에서 아버지가 주신 응답이 있었기 때문에 목요 철야를 붙잡고 왔습니다. 하나님께서는 이 목요 철야를 통해서 제 사역을 인도하셨습니다.

오금동 시대를 돌아보며

'아, 여기서는 되겠다.'

산에 가서 금식기도를 하는데, 성령님께서 성전을 다른 데로 옮기라고 말씀하셨습니다.

그러나 이전할 돈이 하나도 없었습니다. 제게 있었던 500만 원까지도 빚을 갚는 데 쓰고 아무것도 없었습니다. 채권 추심 대행이 제 아이들이 다니는 학교 길목까지 따라가 기다릴 정도였습니다. 아이가 일기장에 썼던 글입니다.

"우리 집에 나쁜 아저씨들이 기다린다. 그런 일이 없었으면 좋겠다."

돈은 없었으나 말씀 하나 붙들고 기도했습니다. 그러자 하나님께서 계속 사람을 붙여주셨습니다. 환난의 바람을 타고 송파의 오금동으로 가게 되었고, 그곳에서 지하와 2층을 임대하게 해 주셨습니다. 거기서는 징조가 보였습니다. 첫 번째 목요 철야 집회를 하는데 사람들을 꽉 채워주셨습니다. 오금동에서 오금이 펴지는 역사가 일어나기 시작한 것입니다.

집주인은 부도낸 여자에겐 이사 비용을 대주고 떠나라고 하였습니다(지금은 명동에서 장사를 하고 있다는데 한 번도 찾아가지 않았다). 나를 단련시키기 위해 하나님이 저 사람을 사용하신 것으로 생각하기로 했습니다. 그리고 그 문제에 대해서는 뒤도 안 돌아보고 하나님 앞에 매달렸습니다. 하나님이 해주셔야지 제 힘으로는 될 일이 아니었습니다. 제 힘으로는 불가항력이었습니다. 하나님의 도우심으로 저는 고난 속에서도 살아남을 수 있었습니다. 단지 살아남기만 한 것이 아니라 재정적으로도 큰 축복을 받았습니다.

저는 송파경찰서 건너편, 오금 전철역 2번 출구에 있는 빌딩의 지하와 2층, 두 곳을 임대해서 이사를 했습니다. 아마도 전국에서 전철역 제일 가까운 교회는 우리 교회였을 것입니다. 전철역을 나서면 제일 먼저 보이는 건물이 우리 교회였으니까요.

내부 수리를 끝내고 처음 목요 철야 기도회 준비를 했습니다. 그 당시 제 옆에 비서처럼 일하던 영적인 제자가 있었습니다. 그 친구는 찬송 인도를 해야 하니까 지하에 내려가 있고, 저는 2층에서 몇 시간째 기도하고 있었습니다. 그리고 저는 기도하고 있을 테니 예배 시간이 되면 날 부르라고 말했습니다.

오금동에는 아는 사람이 하나도 없었습니다. 단지 전단만 뿌렸을 뿐입니다. 그러나 하나님이 나를 도와주시고 나를 풀어주시면 오늘 밤에 사람들이 올 것이고, 아직 연단이 더 필요하면 오는 사람이 없을 것이라고 생각했습니다. 그리고 이러한 사실을 찬양 인도를 하는 제자에게도 전했습니다. "연단을 더 받아야 된다면 오늘 저녁에 사람들이 없을 것이다."

시작 시간이 다 되어가는데도 저를 부르러 오지 않았습니다. 이 친구가 깜빡 잊었나 보다 생각하면서 지하실로 터덜터덜 내려갔습니다. 내려가는 내내 가슴이 두근두근했습니다.

'과연 내 연단 시기는 끝이 났을까? 아니면 더 길어질 것인가? 아무튼, 내려가 보면 그 답을 확실히 알 수 있으리라.'

오늘 여기서 끝이 날 것인가. 이제 뚜껑을 열어야 하는 시간이었습니다. 그래서 두근거리는 마음으로 지하로 내려가는데, 1층까지 내려가니 지하로부터 찬양 소리가 확 울려왔습니다. 성전을 꽉 채우는 듯한 소리였습니다. 내려가 보니 신발장에 신발이 꽉 차 있었습니다.

80여 평의 성전에 사람이 꽉 찬 것입니다.

"할렐루야!"

이렇게 저의 오금동 시대가 펼쳐지기 시작했습니다.

그 후 매일 밤 철야 기도회를 했고, 매주 목요집회를 했습니다. 전국 각처에서 사람들이 몰려왔습니다. 엄청난 역사가 일어났습니다. 수많은 병자가 일어나고, 성령의 불을 받았습니다. 저 때문에 오금동 주변 교회의 심방 전도사들이 우리 교회 앞에 보초를 서야 할 정도였습니다.

이렇게 점점 부흥되고 있었지만, 아직 못한 숙제가 남아 있는 것 같았습니다. 그때까지만 해도 저는 교회에 대한 자신이 없었기 때문에 기도 집회만 열심히 했는데 기도만 하면 성령님이 제게 교회를 개척하라고 말씀하셨습니다.

"하나님, 지금 교회 하고 있잖습니까? 우리끼리 예배를 드리고 있잖습니까?"

그 당시 우리 식구가 아닌 사람은 다른 데 가서 예배를 드리라고 하고, 우리 식구끼리만 모여 예배를 드렸습니다. 성령님의 명령을 계속 거절했지만 더는 거절할 수 없는 상황에 이르렀습니다.

어느 날 아침, 출근 시간에 뭔가가 남편을 크게 화나게 했습니다.

4. 광야를 지나다

가스레인지 위에 얹혀 있던 커다란 들통에서는 보리차 물이 팔팔 끓고 있었고, 저와 같이 일하면서 수고하던 박 전도사가 물이 다 끓으면 그것을 들고 내려갈 참이었습니다. 저는 겨울이라 날이 추우니 이불을 쓰고 앉아 있었는데 남편이 그 끓는 물을 제게 들이부어서 팔과 다리가 그대로 익어버렸습니다. 다행히 어깨 부분은 이불로 가리고 있었기 때문에 덜했습니다. 반면에 다리 쪽은 완전히 노출된 상태였습니다. 즉시 바지를 벗으니 살점이 그대로 붙어 떨어졌습니다. 펄펄 끓는 물을 부었으니 그럴 수밖에요. 그 광경을 본 박 전도사는 그대로 기절을 해버렸습니다.

화상을 입은 부위가 파상풍 감염이 되어, 뼛속까지 증세가 번졌습니다. 저는 화장실 출입도 못하는 상태에 놓였습니다. 그래도 기도만 하면 상처가 아물기에 계속 기도를 했습니다. 이렇게 기도를 하다 보면 기도가 딱 멈추는 순간이 있습니다. 바로 남편을 용서하라는 음성을 듣는 순간입니다. 저는 용서고 뭐고 그냥 잊고만 싶어서 그 대목에서 기도를 끝내면서 하나님께 말했습니다.

"주님, 제게 더는 그런 말씀 하지 마십시오. 주님이 저에게 참으라 하셔서 저 이때까지 참았고요, 그냥 견디라 해서 견뎠고요, 그냥 인내하라고 해서 여기까지 인내하지 않았습니까? 그러니까 더는 저한테 그런 말씀 하지 마세요."

그러나 며칠 지나 다시 기도에 깊이 들어가면 또 그 대목에서 딱 걸렸습니다. 기도하는 사람에게 가장 어려운 것은 기도가 안 되는 것입니다. 기도가 지속되어야 더 깊이 들어가 하나님과 일문일답을 주고받을 수 있는데, 그것을 할 수 없으니 괴로웠습니다. 하나님이 괴로운 것이 아니고 제가 괴로운 것입니다. 그래서 하나님께 물었습니다.

"주님, 뭘 원하십니까? 용서하려고 합니다, 용서는 하겠는데 저에게 원하시는 것이 무엇입니까?"

그랬더니 또 목회하라고 하셨습니다. 제가 다시 물었습니다.

"목회하는 것과 용서하는 것이 무슨 상관이 있습니까?"

"네가 용서하지 않고 목회를 하면 너에게 축복이 오지 않는다. 땅에서 묶어놓으면 절대 하늘에서 열리지 않는다. 네가 용서를 선포하고 그를 수용하고 받아들일 때 난 너에게 목회적 축복을 줄 수 있다."

성경 말씀을 통해 제게 이렇듯 분명한 말씀을 주시는 겁니다. 그래서 저는 또다시 나의 죽음 앞에 제가 항복을 했습니다.

"좋습니다. 그러면 주님도 저에게 해주셔야 할 것이 있습니다. 주님, 저에게 뭘 주시겠습니까?"

그랬더니 제게 물으셨습니다.

"너는 무얼 해주기 원하느냐?"

"제게 목양의 복을 주십시오. 어차피 제가 목양의 부르심을 받았다면, 목양의 복을 받고 싶습니다."

개척자에게, 특히 여성에겐 성전 건축으로부터 시작해서 어려운 점들이 많습니다. 이것이 한국교회 현실이었습니다.

"저에겐 친척도, 일가도 아무도 믿는 사람이 없습니다. 주님이 저를 도와주셔야 합니다. 한국의 모든 직업군 중에서 성비, 성차별이 가장 심한 곳이 바로 기독교계입니다. 여기가 가장 심한 곳이에요. 하나님, 저에게 목양의 축복을 주십시오."

그랬더니 제 마음에 막 눈물을 주셨습니다. 성령님이 오케이 했다는 사인을 제가 알 수 있도록 말입니다. 그리고 저는 남편을 용서했고, 목회를 시작했습니다.

인천 시대

디데이(제가 45세가 되어 꿈을 펼치는 때)는 점점 가까워지는데 빚은 나날이 늘어났습니다. 송파 오금동 건물을 살 때 빚을 졌기 때문에 더는 유지할 수가 없게 된 것입니다. 그래서 그 건물을 매매해서 많은 차액을 남기게 되었습니다. 그 돈으로 성전을 구하고 있을 때, 마천동에 엄청난 부지를 살 기회가 있었습니다. 그러나 제가 고집을 부려서 그 기회는 날아가버렸습니다.

필리핀에 선교하러 갔다가 막 돌아왔을 때입니다. 저는 필리핀에 가기 전부터 성전을 보러 다녔습니다. 그 무렵 제 동생이 인천에 살고 있었습니다. 제가 한국을 떠나 있는 동안에도 계속 성전들을 알아보라고 몇몇 전도사님들에게 부탁을 해두었습니다. 그런데 공항에 도착하자마자 전화가 울렸습니다. 전화를 받아보니 인천에서 성전을 찾았다는 것입니다. 그래서 공항에서 기존 성전으로 가지 않고 곧장 인천으로 갔습니다. 성전을 보니 흡족했습니다.

'이 성전을 지으신 분들, 고생 많이 하셨겠구나.'

그래서 오금동 성전을 팔고 인천 성전을 매입하게 되었습니다.

저에겐 나름 원칙이 하나 있습니다. 하나님의 집은 그 값을 절대 깎지 않는다는 것입니다. 교인들의 눈물로 세워진 것이기 때문입니다. 목사의 눈물이 있기 때문입니다.

"얼마입니까?"

묻고는 부르는 값 그대로 지불했습니다. 그리고 그동안 수고하고 고생하셨다면서 사모님에게 반지도 선물해 드렸습니다. 천국에 가서 하나님 앞에 섰을 때 부끄럽지 않기 위해서입니다.

제 나이 마흔두 살이 되던 해 3월, 인천에 입성했습니다. 그리고 5월에 입당예배를 드렸습니다. 서울과 인천이 가깝지 않기 때문에 따라오실 수 있는 분이 많지 않아서 남은 성도는 30여 명이었습니다. 그래서 한 해 동안은 심적으로 무척 어려웠습니다. 그러나 어려운 가운데에도 한 달에 한 번씩은 계속 세미나를 열었습니다. 상황이 어떠하든 사역을 힘있게 해야 한다는 것이 저의 철학이고 신조였습니다. 이러한 각오가 되어 있었기 때문에 날마다 힘을 냈습니다. 그러나 혼자 있는 시간이 되면 나 자신과의 굉장한 싸움이 있었습니다.

인천에서 1년 만에 하나님께서 큰 부흥을 허락하셨습니다. 송파에 있을 때 성도가 약 450명이었는데, 인천에서는 약 500명 정도가 되었습니다. 그런데 성도들이 물밀듯이 왔다가 물밀듯이 계속 가버리는 것이었습니다. 새 성도들은 계속해서 오는데 왜 자리가 잡히지 않을까?

인천 은총중앙교회 시절

2004년 11월까지 그렇게 계속 나가고 들어오는데, 아무렇지도 않은 듯이 동요하는 모습을 보이지 않았습니다.

"우린 할 수 있습니다! 할렐루야! 좋습니다! 잘되고 있습니다!"

이러고 다녔습니다.

"이사해서 어때요?"

"아, 잘되고 있습니다, 넘칩니다, 넘쳐요!"

4. 광야를 지나다

제 말에 그분들은 진짜 그런 줄 알고 부러워하곤 하였습니다.

그런데 하나님께서는 말대로 되게 해 주시는 하나님이십니다. 현재도 성장하고 있고, 계속 등록되고 있습니다.

여성 목회 현장에서 500명이면 남성 목회 5천 명이라고 볼 수 있습니다. 왜냐하면 10배나 어렵기 때문입니다. 은혜는 받으러 오는데 등록은 하지 않습니다. 그런 어려운 여건 속에서 목회를 해나가야 합니다. 정말 가슴 아픈 것은 목회를 해오면서 저를 제일 많이 힘들게 한 사람들이 여자입니다. 잘 알지도 못하면서 악평을 쏟아부어 마음을 아프게 하였습니다. 그런데 기도만 하면 성령님께서 그러시는 것입니다.

"내가 너를 왜 일찍 불렀다고 생각하느냐?"

"그거야 아버지 마음이시지요, 뭐 언제 불러 달라고 했나요? 돈이나 주시라고 했잖아요."

"내가 너를 이 시대에 쓰기 위하여 준비를 시켰다. 이 시대의 대변자가 좀 되어다오. 그들에게 도움을 줄 수 있는 사람이 되길 원한다."

그래서 이렇게 대답했습니다.

"아버지, 그 사람들은 저를 원하지 않아요. 시작하면요, 그래 너 잘났다 그래요. 그러니까 저 그냥 내버려 두세요. 전 제 일이나 알아서 할 거예요. 이것도 아버지가 저한테 짐 지워줘서 할 수 없이 하는 거예요. 순종하지 않으면 또 다른 고통을 겪어야 하니까 가기는 가는데, 좀 내버려 두세요."

그런데 계속 제 착각이겠지만 성령님께서 부담을 주시는 것이었습니다.

"내가 너를 왜 남자들 사이에서 키웠는지 아느냐? 그들에게 네가 순간순간 입이 되어주어라."

정말 하나님께서는 정작 저는 잊고 있던 세세한 일들을 다 기억하시고, 저를 일깨우셨습니다. 평생 저를 지켜보시고 동행하셨다는 증거입니다.

그래서 저의 어린 시절을 떠올려 보았습니다. 어린 시절에 저는 여느 여자아이들처럼 고무줄놀이나 소꿉장난 같은 것은 별로 좋아하지 않았습니다. 대신 권투시합이나 씨름, 총싸움 같은 것을 좋아했습니다.

그런데 제 여자친구들이 눈물을 질질 짜면서 우는 것을 보면 마치 내 일인 양 의분을 토했습니다. 우는 이유를 물어보니 사내아이들이 고무줄을 끊어서 달아났다는 것입니다. 저는 그 아이들이 누군가 묻고는 득달같이 달려갔습니다. 제 뒤에는 늘 든든한 오빠들이 백이 되어주고 있었기에 겁낼 사람이 없었습니다.

당장 내놓으라고 으름장을 놓으면 별수 없이 다 고무줄을 돌려주

4. 광야를 지나다

곤 했습니다. 그렇게 저는 친구들 사이에서 해결사 노릇을 했습니다. 그래서 우리 친구들은 무슨 일이 있으면 다 저에게 이야기하곤 했습니다. 그러면 저는 그것이 저의 의무라도 되는 양 나서서 해결해 주곤 하였습니다.

어린 시절에 드러난 저의 성품과 기질은 어른이 되어서도 제 안에 남아 있었습니다. 그리고 하나님은 적재적소에 그것을 활용하십니다. 때로는 용도에 맞게 재구성하시기도 합니다.

이제 그 하나님이 제 품성과 기질과 성격을 꺼내어 사역을 위해 사용하라고 하시는 것이었습니다. 제가 마땅히 담당해야 할 역할이 있다고 말씀하셨습니다. 그것은 바로 이 시대에 하나님께 쓰임 받는 많은 여성 가운데 앞선 자로서, 또 개척자로서의 사명을 다하는 것이었습니다. 그들의 버팀목 역할을 하고, 상담자 역할을 하라는 것이었습니다.

사실 언제부터인가 이러한 부르심을 감지하긴 했습니다. 형언하기 힘든 어떤 부담감이 심각하게 제 마음속에 밀려왔기 때문입니다. 그것도 수차례에 걸쳐 반복되었습니다. 결국, 저는 저의 또 다른 부르심을 받아들이기로 했습니다.

모든 사람은 나름대로 자신의 인생을 통해서 뭔가를 이루어갑니다. 인류의 역사는 뭔가를 하고자 하는 거룩한 부담감을 가진 자들에 의해 발전되어 왔습니다. 그 사람의 신분이나 환경과는 상관이 없습니다. 초라하거나 배경이 없거나 상관없이 마음에 특별한 부담이 있어야 합니다. 부담이 없으면 발전이 없습니다.

계속해서 부담을 주셨기 때문에 내 몫이라고 생각하고 하긴 하는데, 한번은 기도 중에 성령님이 감동을 주셨습니다. 그리고 제게 맡기신 일에 대한 제 생각을 물으셨습니다. 저는 솔직하게 대답했습니다. 정말 하고 싶지 않은 일이고, 재미도 없다고 말입니다. 공사판과 같은 목회 현장에서 대패질부터 시작해서 삽질, 망치질은 기본이고, 모든 것을 다 해야 하기 때문입니다.

인천 계양구 작전동 시대가 열리기 시작했습니다. 딱 1년 6개월 전략을 세워 열심히 뛰었습니다. 그랬더니 500명 목회로 성장이 되었습니다. 제자들이 고생을 참 많이 했습니다. 하나님이 외형적으로 성장을 시켜주시면서 교회는 계속하여 부흥되었습니다. 아울러 다른 모든 사역도 급성장하였습니다. 수많은 병자가 치료되고, 문제가 해결되고, 앉은뱅이가 일어나고, 눈병이 낫고, 홀리데이 파티가 일어났습니다. 기도하면서 땀을 비 오듯 흘리고, 영적 샤우팅(spiritual shouting)이 하늘을 찔렀습니다. 매일 밤 이렇게 뜨거운 기도를 했습니다.

돌파에 돌파를 거듭하면서 소문이 퍼져나갔습니다. 전국 곳곳으로, 또 해외로 부흥회를 다녔습니다.

때가 되니까 하나님께서 건물도 땅도 막 주시기 시작하셨습니다. 그래서 선교 현지에 가서 우물도 파고, 보육원도 짓고 하면서 적극적으로 해외 선교를 했습니다. 또 신학생 학비를 후원하면서 구제 선교에 힘썼습니다. 선교를 다녀올 때마다 열매가 맺히고, 구했던 것들을 주셨습니다.

부도가 났을 때 기도 중에 성령님이 약속하신 대로 잃어버린 것보다 얻는 게 더 많아졌습니다. 저는 그 말씀을 굳게 붙잡았습니다. 그리고 하나님이 저에게 하라고 하시는 일들은 모두 열정적으로 했습니다. 책을 쓰고, 훈련하고, 목양하고, 사람에게 시달리고, 빚 때문에 시달리고… 이 과정들이 쉽지는 않았습니다. 그러나 잔가지라고 생각되는 것들은 툭툭 치고 나갔습니다. 환경에 함몰되지 않았습니다. 그리고 성령님이 명하시는 일에만 몰두했습니다. 이렇게 어려움을 통과하면서 가니까 저에게 높은 수준의 영권, 물권을 주셨습니다.

또 성령의 명령에 순종하여 책을 썼는데, 그것을 통해 전 세계 부흥의 길이 열렸습니다. 재정적으로도 돌파 기적이 일어났습니다. 그 시절에 교회 건축 붐이 한창 일었었는데, 1천억 대 이상의 건축을 할 수 있었습니다. 하나님이 제게 물권을 주셨기 때문에 제가 기도하러 가는 곳마다 돌파가 일어났습니다.

지금도 마찬가지입니다. 삶 속에서 무엇이 우선순위인지를 하나님께 묻고, 장애가 생기면 하나님께 아뢰고 하면서 제 갈 길을 꾸준히 가고 있습니다.

준비가 최선

저는 서울에서 목회하다가 인천으로 내려오기 전에 비용을 들여 목회 컨설팅까지 받았습니다. 목회 컨설팅을 받고 지역 조사를 하고, 나름대로 완벽한 진행 마스터플랜을 가지고 이곳으로 왔습니다. 그랬는데도 수정해야 할 부분이 있었습니다.

은총교회가 인천으로 내려온 지 4년 차 되었을 때, 파송교회 셋, 해외에 교회 두 곳을 헌당하게 해 주셨습니다. 그 무렵 500명 이상의 성도가 출석하고 있었습니다. 이것은 10배 이상의 성장으로 대단한 하나님의 역사입니다. 대형교회와 비교하면 보잘것없을지 몰라도 시작하기 2년 전에 충분한 준비를 했기에, 석 달 만에 100명이 모일 수 있었던 것입니다. 준비 없이 되는 일은 절대로 없습니다.

교회는 기도원과 전혀 다릅니다. 그리고 혼자 예배드리는 것과 사람들과 함께 예배드리는 것은 전혀 다릅니다. "믿습니다!" 하나로 개척에 나서면 안 됩니다. 예컨대 저는 말을 굉장히 빨리 합니다. 제한된 시간에 전달하고 싶은 내용이 많기 때문입니다. 그런데 속사포처럼 말을 쏟아내도 어휘나 발음이 하나도 틀리지 않고 또박또박 말합니다. 그러니까 제 특징은 발음이 정확한 거라고 어떤 분이 저에게 말씀해 주신 적이 있습니다.

경상도 사람인데 발음이 절로 정확해지진 않았겠지요. 처음에는 자갈을 물고 발음 연습을 하다가 입안이 헐어 사탕을 물고 성경책을 소리 내서 읽고 또 읽었습니다. 볼펜을 입에 물고 책 읽는 연습을 하니 발음이 더 명확해졌습니다. 그리고 설교를 할 때 논리적으로 전개해 나가는 방법은 신문 사설을 읽으며 갈고닦았습니다. 눈으로만 읽지 않고 소리 내서 음독했습니다. 그리고 머릿속으로 생각했던 것은 반드시 글로 기록해 두었습니다. 글로 기록해 두면 추상적이고 모호했던 계획들이 훨씬 더 구체화되고 명확해지기 때문입니다.

성공에 관한 책도 수없이 읽고 연구하였습니다. 성공의 기본인 카네기의 저서들부터 시작해서 셀 수 없이 많이 읽었습니다. 성경 100독도 하지 않고 목회한다고 하면 안 된다는 생각하고 있었기에 열심히 성경을 읽었습니다. 또 제 목회의 틀을 만들기 위해 새들백 교회부터 시작해 많은 교회를 벤치마킹했습니다. 집을 지을 때도 세밀한 설계도가 필요하지 않습니까? 아무런 설계도 없이, 기초 작업도 없이 집을 지을 수는 없으니까 말입니다.

고쳐야 했던 또 다른 문제는 저의 생활습관이었습니다. 십수 년을 철야만 하고 살다가 인천에 내려와서 새벽예배를 시작하게 되자, 제 생활 리듬이 다 깨져버렸습니다. 야행성이라 주로 밤 시간대에 일을 다 합니다. 철야를 마친 후 그때부터 공부하고 교안 준비를 하고 4시 정도에 잠이 듭니다. 아침에 아이 학교 보내는 시간 7시에 맞춰 일어납니다. 서울에서 목회 성장을 시킬 때는 하루에 3시간 이상을 자본 적이 없었습니다.

밤 시간대에 많은 일을 했는데 새벽예배를 시작하게 되자 일찍 자야 했습니다. 일찍 자야 일찍 일어날 수 있으므로 잠이 안 오지만 밤 9시면 잘 준비를 해야 합니다.

저 스스로 반복해서 명령합니다.

"잠이여, 올지어다!"

그래도 잠이 안 옵니다. 눈만 더욱더 말똥말똥해집니다. 이리저리 뒤척이다 보면 벌써 1시를 훌쩍 넘기게 됩니다. 큰일이라고 생각이 들어도 속수무책입니다. 그러다가 새벽 4시에 일어나서 겨우겨우 새벽예배에 갑니다.

예배를 마친 후엔 잠을 잡니다. 늘 자던 시간대이기 때문입니다. 그러다 보니 오전 시간은 자느라 놓치고, 밤 시간은 오지 않는 잠을 청하느라 놓칩니다. 예전에는 새벽까지 적어도 6시간 정도를 확보해서 그 시간에 공부했습니다. 그런데 이제 공부할 시간이 없어져서 속상했습니다. 그러나 새벽예배를 위해서 저의 생활 리듬과 습관을 바꾸려고 애를 썼습니다.

목회를 해야 하나, 말아야 하나

　사역을 하다 보면 돌아오는 것은 감사보다 비판이 훨씬 많습니다. 비난과 질타와 질시 등 이런 것들이 훨씬 더 많습니다. 사실 그릇은 일 안 하는 사람이 절대로 깨지 않습니다. 열심히 일하는 사람들이 그릇을 떨어뜨리기도 하고 깨는 것입니다. 그런데 하나님 앞에 부름을 받았다는 그 하나 때문에 용납받지 못하는 것이 여성 사역자의 위치입니다. 용납은 고사하고 용서받지 못하고, 이해받지도 못합니다.

　전에 남편의 핍박으로 인해 화상을 입었을 때의 일입니다. 화상으로 인해 꼼짝도 못하고 있는데, 마침 아는 목사님한테 전화가 와서 기도 부탁을 좀 드렸습니다.

"기도 좀 해주세요. 꼼짝 못하고 있습니다."

그랬더니 목사님이 안타까운 마음으로 사모님께 '김 목사가 이렇게 되었대' 하고 소식을 전했습니다. 그러자 그 사모님이 꼭 그렇게까지 하면서 목회를 해야 하느냐고 말했다는 것입니다. 나중에 만날 기회가 되어 웃으면서 말씀하신 겁니다. 안타까운 마음에서 좋은 뜻으로 하신 말씀이었지만, 상처가 있는 제겐 그 말씀이 바윗덩어리로 와서 부딪혔습니다. 저도 고민하고 있었기 때문입니다.

'목회해야 하나, 말아야 하나? 이렇게까지 하면서 목회를 해야 하나?'

깊은 고민과 갈등에 빠져 있던 차에 들은 사모님의 그 한마디 말씀은 제게 내내 상처가 되었습니다.

'내가 하고 싶어서 하는 줄 아나? 나도 제발 이거 안 하고 싶은데…, 기도만 하면 거룩한 부담이 오는 걸 어쩌란 말인가?'

아무것도 아닌데 혼자 속을 끓이는 것입니다. 시간이 갈수록, 개인적인 내적 싸움을 하면 할수록 저 자신을 괴롭히는 것입니다.

'끝까지 가야 해, 말아야 해? 이렇게까지 목회를 해야 하나?'

그럴 때, 성령 하나님께서 나를 붙잡아 주지 않으셨다면 결코 순간순간을 이겨낼 수 없었을 것입니다. 매 순간 도와주시고 붙잡아

주시고 담대함을 주셔서 오늘에까지 이르게 된 것입니다.

    부도로 인한 어려움을 겪으면서도 수습하기 위해 최선을 다하고 있었습니다. 가계 수표를 회수하던 중에 한 사람이 제게 말하기를 자기 통장에 2천만 원을 입금하면 가계 수표를 회수해 주겠다는 것입니다. 그래서 그렇게 하기로 하고 입금을 하고 통장은 제가 보관했습니다.
    그런데 회수를 하려고 통장 잔액을 확인해 보라 했더니 다 날아가 버린 것입니다. 무슨 일인가 하여 그에게 전화했더니 태연스럽게 하는 말이, 자기 통장에서 자기 돈을 빼갔는데 뭐가 문제냐며 쌍욕을 하는 것이었습니다.
    그땐 제가 너무 어렸고, 돌아가는 사정을 전혀 모르는 데다 의논할 사람도 없었습니다. 그러다 보니 이 모든 것을 저 혼자 감당할 수밖에 없었습니다. 그래도 그 와중에 저를 도와주신 분들이 있었습니다. 국토개발국장을 하셨던 한 장로님은 자신의 신용을 담보로 3천만 원 정도를 빌려주셨습니다. 그래서 그 돈으로 급한 것들을 회수할 수 있었습니다.

    부도가 난 이후에 깡패들에게 계속 시달림을 받고 있던 어느 날, 새벽 1시, 광명시에 있는 친구를 방문하고 오는 길에 불심 검문을 받고 검거되었습니다. 왜 나를 붙잡느냐고 했더니 제가 경제 사범으로 수배가 내려져 있다고 했습니다. 그래서 송파경찰서 유치장에 24시간 동안 들어가 있었습니다. 아무래도 제가 큰일 할 사람은 확실한가 봅니다. 왜냐하면 감옥도 갔다 왔고, 병원에 입원도 했고, 경찰서도 갔다 왔으니 말입니다.

경제과 담당 형사가 저에게 물었습니다.

"아줌마, 이거 알고 이것을 회수했어요?"

가계 수표 가운데 제가 회수한 것들이 있었습니다.

무슨 말인가 했더니만, 날짜가 기재된 것만 제가 회수했다는 것입니다. 날짜가 기재 안 된 것은 부도 처리가 안 됩니다. 무한대니까요. 그 기한이 안 됐기 때문에 지급하지 않아도 되는 겁니다. 그러나 그 모두가 제가 의도했던 것이 아니었습니다. 저는 단지 기도하면서 "하나님, 오늘은 누구를 만나야 할까요?" 묻고 감동이 오는 사람을 만나서 회수했을 뿐입니다. 그리고 제가 만난 사람들도 한 번도 본 적이 없는 사람들이었습니다.

이 모든 일을 누가 했겠습니까? 주님이 하신 것입니다. 저는 수표를 누가 줬는지, 누가 뭘 어떻게 했는지도 몰랐으니, 누구의 것에 날짜가 쓰였고 안 쓰였는지 어떻게 알겠습니까? 수표 40장 가운데 어떤 것은 100만 원을, 또 어떤 것은 150만 원을 주고 회수했는데 모두 12장 정도였던 것 같습니다. 어차피 그 사람들로서는 일부라도 받는 것이 득이 될 테니까요. 그냥 놔두면 그야말로 휴지조각에 불과했습니다. 그런데 그 12장이 모두 날짜가 기재된 것이니 이것이야말로 기적이었습니다. 그렇게 해서 하나님께서 이 사건을 종결짓도록 해주셨습니다.

그리고 또 하나, 제 멱을 따느니 하면서 심한 욕을 퍼부으며 전화하던 깡패가 있었습니다. 그렇게 한 8년을 시달리다 보니 저도 그날은 열을 받았나 봅니다. 그래서 전화에 대고 똑같은 수준의 욕설로 응수하니, 그쪽에서 깜짝 놀라는 것 같았습니다.

"야! 네가 나를 본 적이 있어? 니가 나한테 돈을 받아간 적이 있어? 나도 지금 이거 짊어지고 내가 교회에 볼모 잡혔다. 그래서 나 지금 이 돈 갚느라고 유치장도 갔다 왔다. 와서 죽이려면 죽여라!"

그랬더니 전화를 딱 끊더군요. 그 후로는 전화가 오지 않았습니다. 하나님은 이런 식으로 제 배짱까지 길러주시면서 사건을 종결시켜 주셨습니다.

신실하신 하나님

그런데 목회를 시작하고 보니까 또 하나의 문제가 생겼습니다. 제 지식이 너무 짧았던 것입니다. 목회 현장에서의 학벌은 점점 높아지는데 저의 학벌이 못 미치는 겁니다. 제가 하나님 앞에 기도하면서 생각해 보니 상담사역을 하면서 수많은 사람을 만날 텐데 이대로는 안 되겠다는 생각이 들었습니다.

제가 20대였을 때 했던 기도가 있습니다. 그때 저는 하나님께 왜 저를 대학에 안 보내줬느냐고 떼를 쓰면서 막 울었습니다. 그랬더니 '지금도 교만한데 네가 대학까지 나왔으면 그 교만을 내가 어떻게 다스리겠느냐'고 답하셨습니다. 그러나 하나님께서 약속하신 것이 있습니다.

"내가 원 없이 공부시켜 주마. 앞으로 네게 박사 학위가 세 개는 될 거다."

그뿐 아니라 교수, 목사, 부흥강사, 기도원장, 그리고 모든 교회를 세우는 사도 직분, 선지자 직분 등 다 주시겠다는 것이었습니다. 너무 많으니 하나면 족하다고 해도 저에게 마구마구 부어주신다는 것입니다.

그 후 시간이 어느 정도 지났을 때, 현장에서 자꾸 학벌의 벽이 부딪혀 오기 시작했습니다. 그래서 기도를 하면서 대학에 가야겠다고 마음먹었습니다. 그리고 그해에 수능을 치렀습니다. 물론 답을 모두 4번으로 찍긴 했지만, 어쨌든 제가 수능을 봐서 대학에 입학했습니다. 4년간 대학을 다니고, 석사 박사 학위까지 받았습니다. 그리고 교수로도 임명되었습니다. 군소 신학 교수가 아니고 정식 교수로 임명받았습니다.

이처럼 하나님은 제게 약속하신 것들을 신실하게 지키셨습니다. 제겐 목회학 박사와 신학 박사, 이렇게 박사 학위가 둘 있습니다. 앞으로 상담학 박사가 필요합니다. 이처럼 신실하신 하나님의 약속을 믿고 저는 그냥 가기만 하면 되었습니다. 역사의 수레바퀴는 하나님이 다 돌리시기 때문입니다.

교회를 설립한 후에도 남편의 행패는 여전했습니다. 성전을 부수고,

강대상을 도끼로 쪼개고 말입니다. 그 도끼는 어디서 구해왔는지 모르겠습니다. 이러한 일이 계속되는 가운데 저 또한 주의를 했습니다.

그래도 저는 주의하면서도 여전히 목회도 하고, 봉사하고, 학교까지 다니고, 제자훈련도 시키면서 열심히 일했습니다.

그 당시 제가 붙잡았던 고사성어가 있는데, 그것은 바로 '정신일도하사불성'(精神一到何事不成)입니다. 정신만 차리면 못 이룰 게 없다는 것입니다. 또 '진인사대천명'(盡人事待天命)이라는 말이 있습니다. 최선을 다해서 하나님 앞에 수고한 다음 하늘의 뜻을 기다리자는 자세로 살았습니다.

저희 친정어머니가 저를 도와주기 위해서 서울로 올라왔는데, 제 방을 정리하시다가 침대 밑에 있는 칼을 보고 기절하셨습니다. 저는 설교하러 올라가기 5분 전에 속으로 "원, 투, 쓰리!"를 외칩니다. 제가 겪고 있는 일들이 표정으로나마 드러날까 봐 "할렐루야!"를 힘차게 외치며 올라갑니다. 그리고 "잘되고 있습니다"라고 말합니다. 사실 잘되긴 뭐가 잘되겠습니까? 집 안팎에 깡패가 광분하여 난동을 부리고 있는데 말입니다. 그래서 제가 강단을 북북 긁어대면서 울며 기도를 하는 것을 본 성도가, 우리 목사님은 걱정거리가 하나도 없을 텐데 뭘 저렇게 울면서 기도를 하느냐는 말을 했답니다. 이렇듯 다른 이의 속사정은 모르는 것입니다.

이처럼 저는 열심히 기도도 하고, 사역도 하고, 상담도 했습니다. 상담 자리에 있으면서 수많은 사람을 만났습니다. 힐링 캠프에서만 3천 명이 넘습니다. 또 실사원(실천 사역 전문 연구원)의 제자들이 1천 명이 넘습니다. 목회 현장에서는 말할 것도 없고, 부흥사로 다니면서 만난 사람까지 따지면 헤아릴 수 없습니다. 정말 어마어마하게 많은 사람들을 만났습니다. 제 핸드폰 카톡에 들어와 있는 인원만 해도 4천 명 정도입니다.

제가 이렇게 많은 사람을 만나면서 늘 안타깝게 여기는 것이 있었습니다. 많은 사람이 너무 빨리 노선을 바꾼다는 겁니다. 너무 빨리 뒤집어지는 것입니다. 하나님의 뜻이 여기 있다고 해놓고는 미처 석 달도 못 가서 하나님 뜻이 저기 있다고 말합니다. 평신도에게서나 목회자에게서나 이러한 약점을 많이 발견하곤 했습니다.

그래서 저는 늘 권합니다. 기도해서 하나님으로부터 뭔가 응답을 받았다면 최소한 10년 이상 그 일을 해보라는 겁니다. 앞서 언급했듯이, 저는 20대에 하나님으로부터 원 없이 공부를 시켜주겠다는 약속을 받았습니다. 그 이후 저는 25년을 공부했습니다. 학비고 뭐고 걱정하지 않고 하나님의 약속 하나 믿고 그냥 공부했습니다. 그랬더니 하나님께서 매번 길을 열어주셨습니다. 한 예로, 제가 대학원 석사 과정에 들어갈 때 경쟁률이 2.5대 1이었습니다. 학과 미달이라서 들어간 것이 아닙니다. 상황과 관계없이 하나님께서 길을 열어주셨기 때문에 들어간 것입니다.

또 한 가지, 사람들은 하나님의 뜻이면 꽃길만 있는 줄 압니다. 천만에요, 가시밭길이 있습니다. 가시밭길이라도 초지일관 가는 것입니다. 잔가지는 다 쳐내고 굵직한 선 하나 보고 그냥 가는 겁니다. 사람에겐 이러한 뚝심이 있어야 합니다. 담대함이 있어야 합니다. 기술을 배우더라도 10년 이상은 해야 전문가 소리를 듣습니다.

제가 오금동으로 이사할 때 오금이 저렸다는 말 기억하십니까? 오금동에서 오금이 쫙 펴졌다는 말도 했지 않습니까. 그런데 어떻게 그렇게 펴졌을까요? 건물 임대를 하기 위해 기도를 하는데 성령님이 "내가 이 건물 줄게" 하셨습니다. 썩 내키지 않아서 "새 건물을 주시지요" 했더니 그 건물을 주시겠다지 뭡니까.

드디어 그곳에서 목회했습니다. 그런데 명도 소송을 세 번이나 받았습니다. 임대료를 못 냈기 때문입니다. 이러한 현실에서 볼 때 과연 하나님의 약속이 신실하다고 할 수 있을까요? 당연히 신실하십니다. 다만 인간이 조급한 마음에 멋대로 중간 결산을 하면서 미리 저울질할 뿐입니다. 그러고는 이게 하나님의 뜻이 아닌가 보다고 말합니다. 하나님을 그런 식으로 좀스러운 영감처럼 만드는 것을 보면

화가 치밉니다.

세 번의 명도 소송 마지막 재판에서 져서 쫓겨날 수밖에 없게 되었습니다. 그러나 하나님은 위대하신 분이고, 우주적인 분이십니다. 그 품이 얼마나 넓은지 모릅니다. 얼마나 대범한 분이신지 모릅니다. 그러한 분을 어떻게 우리 인간의 작은 컵 속에 집어넣을 수 있겠습니까?

하나님의 타이밍

제게는 두 가지 열등감이 있었습니다. 그 가운데 하나가 40일 금식을 못한 열등감이었습니다. 그래서 20대부터 40일 금식을 하기 위해 우리 아이들 방학만 되면 기도원에 가서 장기 금식을 했습니다. 최소한 21일에서 30일 금식기도를 했습니다. 저는 금식하고 우리 애들은 제가 죽 끓여서 먹였습니다. 이 일을 단 1년만 한 것이 아닙니다. 10년 넘게 해마다 했습니다.

그런데도 누군가 40일 금식 이야기를 하면 열등감이 느껴졌습니다. 목회자라면 적어도 40일 금식을 해야 하지 않느냐는 생각 때문이었습니다. 그런데 마침내 40일 금식을 다섯 번 해냈습니다. 한 번은 온전히 40일, 나머지 네 번은 소금물 먹고 절식하면서 40일, 이렇게 다섯 번 했습니다. 그래서 이전의 열등감을 팍 날려버렸습니다.

40일 금식을 하니까 몸무게가 18킬로그램이 빠졌습니다. 임대료 못 줘서 명도 소송 당해 재판에서 지게 된 상황에서 말입니다. 그런데 이사장에게서 전화가 왔는데, 제게 이렇게 말하는 것이었습니다.

"목사님, 그 건물 사세요."

그 말을 듣고는 이렇게 말해버렸습니다.

"아멘! 제가 사겠습니다."

이사를 한다고 해도 돈이 필요한 상황이었습니다. 돈은 없지만 계산상으로는 이사를 하나, 건물을 사나 별 차이가 없었습니다. 그렇다면 사버리는 것이 낫겠다는 생각을 한 것입니다. 그리고 성도들에게 건물을 사야 하는 당위성을 설명했습니다. 물론 하나님의 약속은 이루어졌습니다.

그러나 이 일이 과연 쉬웠을까요? 마이너스 재정 상태에서 1억이 필요했는데 말입니다. 기도하는 가운데 성령님이 지혜를 주셨습니다. 그리고 성도들에게 말했습니다.

다른 것은 안 해도 되니 여리고 성을 돌듯이 하루에 일곱 바퀴씩 건물을 돌라고 말입니다. 그리고 "주의 이름으로 명하노니 이 건물은 접수될지어다"라고 외치라고 했습니다. 아마 70~100일 정도 그렇게 했던 것 같습니다.

드디어 계약을 했습니다. 계약은 했지만 제게 돈이 없으니까 12월까지 길게 계약 기간을 늘려놨습니다. 그런데 기도할 때마다 계약 기간을 "당겨라, 당겨라"라는 말씀을 주시는 겁니다. 중도금 날짜가 5월이었는데, 돈이 없었습니다. 그래도 이사장에게 전화했습니다.

"제가 잔금을 6월 18일로 확 당길 겁니다. 중도금 일자가 5월 말이니 6월 18일에 한방에 드리겠습니다."

그랬더니 "목사님, 아주 잘하셨습니다. 그럼 그때 한 번에 주십시오"라고 하셨습니다.

그런데 5월 말이 되어도 돈이 없었습니다. 하나님이 약속하셨으니 그분이 주실 거라고 생각하고 기도를 했습니다. 드디어 잔금을 치를 날이 되었습니다. 이리저리 돈을 모으긴 했는데, 그 액수로는 턱도 없었습니다. 이러한 상황에서 하나님은 어떤 역사를 일으키셨을까요?

우리 건물 앞을 지나가던 목사님이 있었는데 그분의 발목을 딱 붙드셨습니다. 그분 역시 '이상하네?' 하면서 건물로 들어오셨습니다. 그동안 은행 마감 시간은 점점 다가왔습니다. 더더구나 우리가 계약하고 난 후 건물값이 천정부지로 올라가니까 건물 주인은 우리에게 돈이 없다는 점을 노린 것입니다. 은행 마감 시간 단 1초만 늦어도 해약이 될 테니 말입니다.

잔금을 맞추기 위해 중보기도팀 모두 지하에서 기도하게 하고, 저는 "하나님, 이 돈 돼야 합니다" 하면서 목양실에 앉아서 돈을 빌리는 중이었습니다. 바로 이때 그 목사님이 오신 겁니다. 그리고 어떤 목사님이 저를 만나러 왔다는 말을 전해 들었습니다. 워낙 긴박하고 바쁜 상황이니 목사님을 만나지 않을 수도 있었습니다. 그런데 성령님이 "빨리 들어오라고 그래라" 하고 감동을 주시는 겁니다.

그래서 그분을 들어오시게 했습니다.

"어떻게 오셨습니까?"

그랬더니 이분이 대뜸 이렇게 말씀하셨습니다.

"목사님, 돈 필요하세요?"

"돈 필요합니다."

그분이 하는 말이 자기가 무역을 하는데, 현재 통장에 8천만 원이 들어 있다는 것입니다. 저나 그분이나 서로 초면이었습니다. 그런데 성령님이 이렇게 상황을 만들어가셨습니다.

"좋습니다. 제게 빌려주세요."

그래서 돈을 빌리고, 이 사람 저 사람이 조금씩 마련한 것을 합했습니다. 22억을 맞추기 위해 10원짜리까지 다 빌린 상태였습니다. 은행 마감 시간은 30분밖에 남지 않았습니다. 그런데 300만 원이 모자랐습니다. 단 1원만 부족해도 이 계약은 깨지는 것입니다. 그러나 더는 돈을 빌릴 데가 없었습니다. 이미 은행 마감 시간이 돼서 들어간 사람이 교회까지 뛰어온다고 해도 30분은 날아가 버리는 것입니다.

이러한 상황에서 또 한 번의 기적이 일어났습니다. 우리 교회의 어느 한 분이, 일하고 있는데 마음속에 교회에 대한 궁금증이 생기더라는 것입니다. 또 잔금은 다 맞춰졌는지 걱정도 되면서 자꾸 조퇴하고 빨리 가보고 싶은 마음이 들었다는 것입니다. 그래서 이분이 300만 원을 챙겨서 은행으로 향했습니다. 이때 마감을 치러 간 목사가 은행에서 튀어나오면서 은행 문 앞에서 두 사람이 딱 만난 것입니다. 모자랐던 3백만 원이 그렇게 해결되었습니다. 하나님은 타이밍까지 절묘하게 다스리셨습니다. 이것이 기적이 아니고 무엇이겠습니까?

이렇게 해서 그 건물을 접수했습니다. 부도가 난 뒤 8년 만에 2억 4,500만 원이 22억짜리 빌딩으로 돌아온 것입니다.

내가 꿈꾸었던 45세

제가 20대에 기도하던 것들이 있습니다. 그 가운데 하나가 저는 45세 때까지만 목회를 하겠다는 것이었습니다. 마흔다섯 살이 넘으면 아이들도 다 클 테고, 저도 더는 묶이지 않고 자유롭게 훨훨 날 수 있다고 생각했기 때문입니다. 저도 사람인지라 더는 견뎌낼 자신이 없었습니다. 그래서 제 나름대로 45세를 디데이로 잡고, 계속 버텨온 것입니다. 마흔다섯 살까지 목회를 하고 미국에 가서 한 10년 동안 영어와 컴퓨터를 자유자재로 사용할 수 있도록 훈련하고, 영성 신학 박사 학위를 받겠다는 목표를 세웠습니다. 이 세 가지를 제대로 갖추어야 국제화 시대에 쓰임 받을 수 있겠다고 생각했기 때문입니다.

제가 양평으로 들어가기 전, 남편은 미국으로 가겠다고 했습니다.

저에겐 참 힘든 시간이었습니다. 당시 남편이 미국에 들어가기 전까지만 해도 시어머니께서 살아 계셨습니다. 그래서 국가보조를 받을 수 있게 조처하고 저에게는 이혼을 요구했습니다.

사실 제가 송파구에 있을 때, 강제 이혼 소송을 한 적이 있습니다. 이전에도 몇 번의 위기가 있었고 잘 참아냈지만 더는 안 되겠다는 생각을 하게 된 것입니다. 남편의 폭행을 입증하는 "전치 몇 주" 운운하는 온갖 진단서와 입원 기록 등을 포함한 소송 관련 서류가 산더미 같았습니다. 법정에 서기 전날까지 남편은 앞으로 잘하겠다고 다짐을 했지만 제 마음은 이미 굳어져 있었습니다. 그래서 남부지검에서 만나자는 말로 일축했습니다.

드디어 법정 문에 들어서는 순간이었습니다. 이제는 끝내겠다는 생각으로 이미 마음의 준비를 단단히 하고 있었습니다. 그런데 그때 성령님이 돌아서라고 하시는 것입니다. 저로서는 그야말로 환장할 노릇이었습니다. 그러나 어떻게 하겠습니까? 제 주군에게 충성할 수밖에요….

판사 앞에 섰습니다. 판사는 그 많은 서류를 다 읽고 판결을 땅땅 내릴 것입니다. 그런데 제가 판사 앞에서 말했습니다.

"그냥 다시 살기로 했습니다."

그랬더니 판사가 말했습니다.

"이 상태로 그냥 살다간 죽습니다."
"그래도 살겠습니다."
그랬더니 깜짝 놀라는 겁니다.

결국, 저는 법정을 나왔습니다. 뒤따라오던 남편은 "밥 먹으러 가자"고 하면서 좋아서 난리였습니다. 이렇게 저는 일상으로 다시 돌아왔습니다. 역시 살아가는 것이 만만치 않았습니다. 제가 남편 사업에 더는 관여하지 않자 사업도 망했습니다. 그 시점에서 남편이 미국에 가겠다고 한 것입니다. 저도 미국에 가려면 가라고 하면서 말리지 않았습니다.

그런데 제가 이혼해 달라고 할 땐 씨도 안 먹혔었는데, 어찌 된 일인지 남편 쪽에서 이혼해 달라고 했습니다. 어안이 벙벙했습니다. 그리고 기도는 좋은 것만 해야겠다고 생각했습니다. 왜냐하면 저는 20대부터 마흔다섯 살에 이혼하게 해달라는 기도를 해왔습니다. 제가 일찍 결혼했기 때문에 그 나이가 되면 아이들도 다 클 테고 결혼도 시킬 수 있다고 생각했던 것입니다. 그래서 그때까지는 그 어떠한 고통도 참고 견디려 애썼습니다. 그런데 정말 45세에 이혼을 했습니다. 하나님께서 이런 기도까지 응답해 주시다니!

하나님,
울지 않게 해 주세요

세월이 지나 그때 일을 떠올려보면서 그때 내가 생각을 바꿨더라면 하는 생각도 합니다. 그러나 그 당시에는 그것이 최선의 결정이었습니다. 제 나이 44세에 애들 아빠는 미국으로 갔고, 저는 45세에 양평으로 가게 되었습니다. 저야말로 45세가 되면 미국으로 가서 원하던 공부를 하면서 자유를 만끽하며 준비를 하려고 했는데 계획대로 안 되었을 뿐입니다.

마침 미국 집회 때문에 제가 뉴욕에 머물게 되었습니다. 저는 남편을 찾으려는 의도를 갖고 미국으로 간 것입니다. 그런데 남편은 자기를 찾지 말라는 식으로 도망가버렸습니다. 결국 혼자 돌아오고 말았습니다.

딸 시집을 보내야 하기에 정말 많이 울었습니다. 아버지 없이 결혼식을 할 생각을 하니 너무도 마음이 아팠습니다. 저 역시 아버지 없이 결혼식을 했습니다. 그런데 우리 딸도 아버지 없이 결혼할 것을 생각하니 너무도 슬프고 마음이 저렸습니다. 결혼식을 해야 하는데, 돈도 없고, 안타까운 일이 한둘이 아니었습니다.

돈이 없으니 사진 촬영으로부터 시작해서 자잘한 모든 것을 일단 신용카드로 결제했습니다. 기독교 100주년 기념관 예식장에서 결혼식을 올리게 되었는데 그 당시 제가 양평에서 사역을 일구느라 세세한 것을 미처 생각하지 못했습니다. 정확한 숫자를 기억하지는 못하지만, 그곳에서 제일 큰 홀을 예약한 것입니다. 게다가 8월 장마철이었습니다.

'과연 저 자리를 다 채울 수 있을까? 하객들이 안 오면 어떻게 하지?'

아버지 자리가 이미 휑하니 비었는데, 하객 자리까지 텅텅 비면 얼마나 쓸쓸하고 슬픈 결혼식이 될까 싶어 걱정되었습니다. 더구나 우리 교인들은 인천에 두고, 저는 양평으로 들어가 사역을 하고 있었고, 그 과정에서 몇 가지 어려움을 겪고 있었습니다. 저는 보이는 빈 공간, 보이지 않는 빈 공간, 이렇게 여러 모양의 빈 공간을 생각하면서 마음을 졸였습니다. 그런데 감사하게도 하나님께서 그 자리를 꽉 채워주셨습니다.

또 한 가지 두려워한 것은, 결혼식 때 제가 울면 어쩌나 하는 것이었습니다. 결혼식에 앞서도 그렇게 울었는데 결혼식 당일에야 오죽하겠습니까? 결혼식장에서 부모가 자녀를 보내며 눈물을 보이는 것은 흉이 아닙니다. 아주 자연스럽고 지극히 인간적인 모습입니다. 그러나 제 경우는 좀 달랐습니다. 제가 결혼식 날 울면 그동안 드러내지 않고 꼭꼭 싸매둔 슬픈 사연들이 다 드러날 것 같았습니다. 그래서 3일간 금식기도를 했습니다.

"주님, 결혼식 날 울지 않게 해 주시옵소서!"

하나님께서는 제 기도에 모두 응답하셨습니다. 저는 눈에 힘을 주고 눈물 한 방울 흘리지 않고 결혼식을 무사히 마칠 수 있었습니다.

한 영혼을 떠나보내며

〈기적의 선포기도문〉

부부관계 회복을 위한 선포기도문
이 시간 내가 예수 그리스도의 이름으로 명하노니,
우리 부부 사이를 갈라놓는 모든 악한 세력은 떠나갈지어다!
서로 용서하게 될지어다! 서로 순종하게 될지어다!
서로 먼저 섬기게 될지어다!
내가 예수 그리스도 이름으로 명하노니
나의 배우자를 내가 먼저 사랑할지어다!
내가 먼저 이해할지어다!
내가 먼저 용서할지어다!

내가 먼저 헌신할지어다!
내가 먼저 화해할지어다!

어느 날, 정리되지 못한 것들이 남아 있어서 재혼한 남편과 함께 고속도로를 타고 양평에서 인천으로 달리던 중에 미국에서 전화가 왔습니다. 애들 아빠가 중환자실에 있는데, 생명이 위태롭다고 했습니다. 집 주인이 위급한 상황을 알리기 위해 연락처를 찾다가 교회 주보를 발견했습니다. 교회 주소나 전화번호나 모두 예전 것이었으나 마침 연락을 받은 목사님이 저를 아시는 분이라 제 번호를 알려 주었다고 했습니다. 그래서 제가 직접 전화를 받게 된 것입니다.

'그가 죽게 되었다?'

어이가 없고, 기가 막혔습니다. 애들 아빠가 죽어간다니 또 난감한 갈림길에 서게 되었습니다. 스피커폰으로 전화를 받았기 때문에 다 들렸기 때문입니다.

게다가 새 남편과 인천 목회 현장에 들어와 보니 부딪히는 일들이 한둘이 아니었습니다. 고민거리는 첩첩이 쌓여갔습니다. 복잡한 일이 생기는 겁니다. 그래서 이리 고민하고 저리 고민하며 기도를 했습니다.

그러나 애들 아빠가 죽어간다는 걸 외면할 수는 없었습니다. 그래서 시댁에 연락했더니 시숙이 미국으로 가서 그 사람을 데리고 나왔습니다. 일단 데리고 나왔으니 나머지 일은 저에게 처리하라고 했

4. 광야를 지나다

습니다. 계속 중환자실에 있다가 퇴원했다 하면서 돈이 너무 많이 들어가다 보니 기겁을 해서 두 손을 들어버린 것입니다. 그러고는 제게 계속 연락을 하면서 성전 앞에다가 그 사람을 데려다 놓겠는 다는 등 협박조의 말을 했습니다. 제 앞에 다시금 기막힌 일들이 펼쳐졌습니다.

저는 제가 처한 어려운 상황을 이야기하면서 저와 재혼한 분에게 부탁했습니다.
"제가 목회자로서 두 남자 손에 살 순 없지 않겠습니까?"
그분도 처음에는 좀 버거워했지만 받아들였습니다. 현실이 그러하니 별도리가 없었을 것입니다. 그래서 저는 요즘 말로 졸혼(결혼을 졸업한다는 뜻으로, 이혼하지 않고 각자의 삶을 사는 것)을 하게 되었습니다. 그리고 제게 어떤 어려운 일이 생기면 도와주고, 바깥 일도 봐주곤 했습니다.

그러는 동안 애들 아빠는 우리에게 와서 1년 동안을 지내게 되었습니다. 그 무렵 저는 천안 성전을 세우고 있었기에, 둘이 마주 앉아서 밥을 먹어본 적이 한 번도 없었습니다. 위급해지면 중환자실로 데려갔다가 좀 괜찮아지면 퇴원하고, 다시 심해지면 또 입원하고 하는 일이 반복되었습니다. 저는 그 사람을 어디에다 데려다 놓으면서 나는 도저히 감당이 안 된다고, 당신이 거기서 나올 수 있는 길은 하나님 만나는 길밖에 없다고 말했습니다.

이렇게 근 1년 동안 병수발을 들다가 결국 장례식까지 제가 치르게 되었습니다. 죽은 남편의 얼굴은 그 어느 때보다 허여멀겋고 달덩이 같았습니다. 정말 편하게 숨을 거둔 것입니다. 만약에 애들 아빠가 미국에서 그냥 죽었더라면 저나 애들에게 한이 맺혔을지도 모릅니다.

그런데 그 사람이 가기 전에 하나님이 저의 꿈으로 보여주셨습니다. 그래서 이 사람이 곧 가겠구나 생각을 했습니다.

그러나 그 사람을 보내고 난 후 '마주 앉아 밥이라도 한번 먹을걸. 그동안 어떻게 살았느냐고 물어라도 볼걸' 하는 생각으로 저 자신과 싸웠습니다. 그때는 천안 성전을 세우느라 정신이 없어서 제대로 대화할 시간이 없었습니다. 게다가 지난날 제가 몇 번이나 죽을 고비를 넘기면서 묶인 것들이 너무 많아서 쉽게 입이 떨어지지도 않았고, 또 하나님이 시간을 더 주실 줄 알았습니다.

그 사람이 가고 난 후 1년 동안 아주 힘들었습니다. 매일 혼자 기도할 때 테라피라 하면서 하고 싶었던 말들을 다시금 떠올려보았습니다. 무엇보다 미안하다는 말을 못했다는 것입니다.

'그래도 이것이 내가 할 수 있는 최선이었어. 그때 당신이 책임 있게 가정을 돌보았더라면…. 가정을 나 몰라라 했으니 우선 애들은 살려야 하지 않았느냐?'

4. 광야를 지나다

그렇게 1년 동안 인천과 천안을 왔다 갔다 하면서 저 혼자 속을 끓이면서 힘들게 보냈습니다. 1년이라는 시간이 지나고 나니 마음이 좀 풀어졌습니다. 그래도 그 사람이 남기고 간 유품들은 차마 정리할 수가 없었습니다. 손만 대도 속이 막 터져버릴 것 같았습니다. 그래서 그냥 내버려 두었다가 2년 만에 정리했습니다.

'그리고 당신도 이제 편안히 가라. 당신도 고생했다. 그 좋은 천국에 나 때문에 갔으니까 나한테 고마운 줄 알고, 거기서 내 기도 많이 해줘라.' 이렇게 생각하며 제 마음에서 보내버렸습니다. 그리고 재혼했다가 졸혼을 한 그분은 지금도 뒤에서 보이지 않게 저의 그늘이 되어주고 있습니다.

제가 들었던 말 중에 가장 큰 아픔을 주었던 것은 "여종은 재혼하면 안 된다"라는 말이었습니다. 정말 그럴까요? 여종이건 남종이건 모두 사람입니다. 사람이 살아가는 데에는 저마다 사정이 있고, 어려움이 있는 법입니다. 절대 자신의 잣대로 남을 판단할 수 없습니다.

그동안 온갖 과정을 통과하면서 소유에 대한 개념도 정리되었고, 세상일에 연연하지 않기 때문에 자유롭게 목회를 합니다. 이런들 어떠하리, 저런들 어떠하리 하면서 하나님 외에는 거칠 것이 없습니다.

그저 하나님께서 맡겨주신 시간 속에 살다가 영원한 천국에 가면 된다는 생각입니다. 지금도 주님 부르실 날을 기다리면서 제 갈길을 가고 있습니다.

지난 삶을 돌아보니, 저는 그야말로 산전수전, 공중전, 지상전, 지하전과 같은 온갖 전투, 또 이것만으로는 부족한지 인생의 암벽 타기, 빙벽 타기, 파도타기 등을 다 한 것 같습니다. 결혼했고, 이혼했고, 사별했고, 재혼했고, 졸혼했고, 우스갯소리로 정말 요즈음 유행하는 것은 다 했습니다. 그러니 제게 와서 테라피 받는 사람들에게 무슨 말이든 할 수 있습니다. 제가 안 겪은 게 뭐가 있겠습니까? 무엇보다 이 모든 것이 주님의 뜻이라고 믿기 때문에 웬만한 것은 다 용납하고 오케이 합니다. 이제는 용서 못할 것도 없고, 용납 못할 것도 없습니다. 이해 못할 것도 없고, 다 수용할 수 있습니다.

그야말로 '이런들 어떠하리 저런들 어떠하리 만수산 칡넝쿨이 얽혀진들 어떠하리' 하면 걸릴 것이 없습니다. 막대기를 들고 사방을 휘저어도 걸릴 게 없습니다. 오직 진리에 붙들리니 걸릴 것이 없습니다. 오직 사명에 붙들리니 걸릴 것이 없습니다. 오직 한 길만 걸어가니, 또 사명 하나만 붙들고 가니 걸릴 것이 없습니다.

이제 후회도 없고, 부끄러움도 없고, 오직 푯대를 향하여 가도록 하나님이 저를 붙잡아주셨습니다. 비록 개인사는 굴곡이 심하고 어려운 시간이 많았지만, 목회 현장에서만은 기사와 기적과 표적과 돌파와 부흥이 계속 나타났습니다.

이렇듯 하나님은 양평 시대를 통과하면서 제 마음 그릇을 확장해 주셨습니다. 이 정도면 힐링 캠프를 하고, 힐링 멘토를 할 자격이 되지 않겠습니까? 모든 것을 수용할 마음 그릇을 가진 사람의 상처는 무기가 되고, 도구가 되고, 사명이 됩니다. 저의 모든 상처가 오늘의 저를 만들었습니다. 나의 나 된 것은 오로지 주님의 은혜임을 선포합니다. 그리고 그 주님은 살아 계십니다. 아멘!

5.
네가 가라

순리가 진리

〈전신갑주를 입는 기도문〉

하나님 아버지, 이제 나는
하나님의 전신갑주를 입고 영적 전투에 나갑니다.
나는 머리에는 구원의 투구를 쓰고,
가슴에는 의의 흉배를 두르고,
허리에는 진리의 허리띠를 띠고,
다리에는 평안의 복음의 신을 신습니다.
한 손에는 믿음의 방패, 다른 한 손에는 성령의 검을 듭니다.
전신갑주에 구멍 난 부분 메워주시고,
연약한 부분은 강하게 해주시며,

어두운 부분은 밝게 하여 주시고,
더러운 부분은 정결케 하여 주옵소서.
전신갑주 속에 감사와 찬양과 겸손과 거룩의 예수의 옷을 입습니다.
하나님 아버지, 예수님의 보혈로 나의 과거, 현재, 미래의
모든 죄가 이미 용서된 것을 인해 감사드립니다.
나는 보혈의 능력으로 거룩하게 되어 주님의 모습으로
닮아 갈 수 있음을 감사드립니다.
이제 나는 영적 전쟁에서 승리하기 위해
예수님의 보혈의 능력을 의지합니다.
주님, 나의 머리부터 발끝까지 생각, 의지, 마음 및 감정과 영혼
모두를 예수님의 피로 씻어주시고, 덮어주시고, 가려주옵소서!
나를 위해 보혈을 흘려주시고
우리를 위해 싸워 주시는 예수님의 이름으로 기도합니다. 아멘.

하나님의 순리가 진리입니다. 재정문제뿐만 아니라 모든 문제에 있어서 역리가 아닌 순리를 따라야 한다는 것을 삶 속에서 늘 체험했습니다. 그것은 마치 물이 흐르는 것과 같아서 때가 되면 넓은 바다에 이르게 됩니다. 순리를 따르지 않는 것은 물을 거슬러 올라가려는 것과 같습니다.

제가 자주 가는 산속 깊은 수도원에서 이러한 진리를 자연에서 확인할 수 있었습니다. 그곳은 사람도 드물고 아주 조용합니다. 그런데 졸졸 흐르는 물소리가 너무 크고 시끄럽게 들리는 겁니다. 아침에 일어나 따지러 갔습니다.

"야! 너 때문에 밤새 한잠도 못 잤다. 하도 시끄럽게 흘러서!"

그랬더니 물의 대답이 제 안에서 울려 퍼졌습니다.

'나보고 시끄럽다고 따지는 거야? 이곳 산에 있는 동물들, 나무들 모두 내가 불러주는 노래에 잠을 잘 잤다고 하는데 왜 너만 시끄럽다고 하는 거야?'

그리고는

'날 따라와. 그리고 나에게 배워.'

"널 어떻게 따라가?"

순간 지혜가 떠올랐습니다. 저는 나무 잎사귀를 하나 따서 물에 띄웠습니다. 그리고 그 잎사귀를 따라갔습니다. 잎사귀는 비탈진 산길을 따라 흐르는 물 위에 앉아 계속 흘러갔습니다. 그런데 얼마쯤 가니, 웅덩이처럼 고인 물이 있었습니다. 그 안에 빠진 나뭇잎은 더는 흘러가지 못하고 제자리에서 뱅글뱅글 돌기만 했습니다.

"꼴 좋다. 잘난 척하더니, 이제 더 못 내려가지?"

그런데 잎사귀가 바위 틈새로 쓰윽 미끄러져 들어가면서 제게 손을 흔들고 웃으며 가버렸습니다. 나뭇잎은 제게 메시지를 던져주었습니다.

'너는 가다가 앞이 막히면 어떻게 하니?'

"나는 어떤 일을 하다가 앞이 막히면 기다리지 않고 다이너마이트로 폭파해 버려. '안 되면 되게 하라'가 내 구호거든."

물론 이렇게 폭파를 시키면 파편이 사방에 튀기 마련입니다.

'그러지 말고 나처럼 물이 차오를 때까지 기다려. 물이 차오르니 틈새가 생기잖아. 그럼 아무런 부딪침도 없이, 또 누구에게 충격도 주지 않고 흘러갈 수 있어.'

그제야 저는 항복하고 말았습니다. 그리고 지금까지 살아온 내 삶의 방식이 얼마나 어리석었는지 깨달았습니다.

'내가 너무 조급해서 기다릴 줄 몰랐구나.'

저는 뭐든지 제때 이루어지지 않으면 밤잠을 안 자는 사람이었습니다. 그러니 제 곁에 있는 사람들이 얼마나 힘들었을까요?

하나님의 시간은 지금도 흘러가고 있습니다. 우리는 하나님에게 재정의 축복을 많이 받아야 합니다. 이 재정의 축복을 많이 받을 때 하고 싶은 일을 마음껏 할 수 있기 때문입니다. 그러나 재정의 축복은 우리가 노력한다고 해서 되는 게 아닙니다. 하나님께서 도와주셔야 합니다. 하나님 없는 거부들도 많습니다. 그러나 하나님 없는 재물은 지옥 가는 재물이고, 저주받은 재물입니다. 하나님 없는 재물은 자녀까지도 구렁텅이에 빠지게 합니다.

반면에 돈이 없어도 하나님이 있다면 아무 문제가 없습니다. 하나님도 있고 돈도 많으면 더할 나위 없겠지요. 저는 고난도 많이 당했고, 재정 축복도 많이 받았던 사람입니다. 엄청난 채무에 시달리기도 했습니다. 그 과정에서 제가 깨달은 것이 있다면, 그것은 인생의 짐이 무거우면 축복의 사이즈도 크다는 것입니다. 하나님은 각 사람이 지고 있는 책임의 분량 이상으로 '영권', '인권', '물권'을 주십니다. 우리가 할 일은 단지 그 자리를 지키면서 버텨내는 것입니다. 인생은 버티기 한 판입니다. 샅바를 굳게 부여잡고 버텨야 합니다. 그리고 버틸 힘은 오로지 기도와 전도에서 나옵니다.

그런데 인천 사역에서 저는 사실상 실패를 했습니다. 그러다 보니 별의별 어려움을 많이 겪게 되었습니다. 제 동생에게 교회를 넘겨주는 과정에서도 그렇고요, 목회 승계를 하는 과정에서도 어려운 일을 겪었습니다. 두 번씩이나 크게 분열이 되고, 교회가 깨졌습니다. 그러나 제가 다시 1년 반을 죽기 살기로 하니까, 어느 정도 궤도에 올라 한 300명으로 올라왔습니다. 그리고 또다시 두 번째 승계를 했는데 또 깨졌습니다.

두 차례에 걸쳐 깨지니까 소생할 수 없게 되어버렸습니다. 완전히 파산해서 더는 일어날 힘이 없었습니다. 매매하기 위해 내놓았지만 그것도 안 되었습니다. 이제 모든 것들이 날아갈 위기에 처하게 되었습니다. 승계 작업을 하기 전, 제자들을 이미 몇 군데 분립 개척을 시켜주었습니다. 그런데 모 교회가 깨져버린 것입니다.

    6월, 저는 파산을 선언하고 교회 제자들에게 경매에 참여하라고 하는 상황에까지 이르렀습니다. 그때 마침 어떤 교회로부터 임대 문의 전화가 왔습니다. 그래서 흔쾌히 오케이 하고 임대로 주었습니다. 그리고 2억 원 상당의 교회 기물들은 17개 교회에 나누어 주었습니다.

자녀 이야기

우리 아이들을 기르는데도 많은 영적 전쟁이 있었습니다. 순하게 생긴 애가 어찌나 까다로운지 몰랐습니다. 밤에 잠을 자지 않는 것이었습니다. 1년 넘게 밤에 안아서 재워야 하니 말할 수 없이 힘들었습니다. 그래서 다섯 살 때 너무 견딜 수 없어서 아이를 붙잡아 뉘어 놓고 기도에 들어갔습니다.

'오늘은 네가 죽든지 내가 죽든지 한번 해보자! 기도로 승부를 내보자.'

그런데 그 이면에는 영의 역사가 있었습니다. 제 개인의 영적 체험입니다.

'내가 이 가정을 파괴하려고 들어왔는데 네가 예수 믿어서 안 됐다.'

그 아이는 태어나는 그날부터 울어대기 시작했는데 밤이 되면 더 울었습니다. 아기 때에 찍은 사진이 우는 사진밖에 없을 정도였습니다. 아이가 울어대니까 자연히 부부 사이도 멀어지고, 남편의 짜증과 신경질이 심해졌고, 우는 아이를 밀쳐버리는 일도 있었습니다. 엄마인 제 마음에 섭섭함이 나날이 쌓여갔습니다. 그때는 영적인 부분을 몰랐기 때문입니다. 우리 가정의 부부 싸움에서 발단은 늘 아이였습니다.

그러다가 제가 성령님께 붙잡혀 기도하기 시작했습니다. 기도하니까 가정을 파괴하려고 왔다는 그 말이 맞았습니다. 소름 끼치는 그 말이 지금까지도 마음에 선합니다. 그래서 예수 이름으로 기도하고 물리쳤습니다. 그때부터 아이가 편안해지기 시작했습니다.

하나님께서 저를 목회로 부르셨을 때 그 부르심에 대해 정말 오랫동안 생각했습니다. 저는 뭔가 중요한 결정을 내려야 할 땐 깊이 생각에 잠깁니다. 그리고 하나님과 긴 대화를 나눕니다. 7시간, 8시간은 보통입니다. 결론이 날 때까지, 답을 얻을 때까지 꼼짝하지 않고 한자리에 앉아 있습니다. 이것은 어느새 제게 습관이 되어버렸습니다. 어떤 때는 3일 이상을 두문불출하고 한 자리를 지키기도 합니다. 그야말로 장고(長考)에 들어가는 것입니다.

그러나 일단 답을 얻고 나면, 결정하고 나면 자리에서 벌떡 일어납니다. 이제부터는 머리와 가슴이 아닌 손과 발이 움직입니다. 더는 저울질하지 않고, 더는 뜸들이지 않고, 뒤도 안 돌아보고 밀어붙입니다. 오직 푯대를 향해 앞으로 나아갑니다.

저는 목회와 자녀 양육이라는 문제를 놓고 많은 생각을 했습니다.
'이 일이 과연 내가 우리 아이들의 인생을 희생시킬 만큼 가치 있는 일인가? 내가 훗날 아이들 앞에 당당하게 설 수 있을까? 자신 있게 이야기할 수 있을까?'
목회하기로 결정한 후엔, 우리 아이들이 엄마를 바라볼 때 절대 부끄럽지 않아야 한다는 생각이 더욱 강해졌습니다. 엄마를 자랑스럽게 생각할 수 있도록 하나님께 충성하겠다고 생각했습니다.

저는 아이들을 집에서 잘 보살필 자신이 없어서 중학교 때부터 기숙사로 보내고, 유학을 보냈습니다. 필리핀에 유학을 보냈을 때의 일입니다. 그 당시 저희 아이를 포함하여 여러 명이 필리핀으로 유학하러 갔습니다. 그런데 그곳에서 어떤 문제가 발생하는 바람에 함께 갔던 아이들은 돌아오고, 저희 아이만 남게 되었습니다.
현지 목사님이 전화로 늘 물으셨습니다. 아이를 위해 기도를 많이 하시냐는 것입니다. 저는 기도를 안 한다고 답했습니다. 그러나 그 목사님은 제 말을 믿지 않고 기도를 많이 하는 게 틀림없다고 말씀하셨습니다.

왜 그렇게 말씀을 하시는지 물었더니, 기도를 받는 아이들은 다르다는 것입니다. 변화가 일어나는 속도도 다르고, 보이지 않는 손이 보호한다는 것을 느낄 수 있다는 것입니다. 맞는 말입니다. 하나님은 우리의 세밀한 기도, 또 작은 신음에도 응답하시는 분입니다.

물론 제 직업이 목사니까 늘 기도를 합니다. 목사이기 전에 엄마인 제가 왜 아이들을 위해 기도하지 않았겠습니까? 다만 애들 문제에 매달려 그 기도에만 몰입하지 않았을 뿐입니다. 다른 주요한 기도 제목이 쌓여 있었기 때문입니다. 저는 그 기도들을 할 때마다 우리 아이 이름을 한 번씩 불러주었습니다. 그런데 하나님은 저희 아이를 특별히 지켜주시고, 자라게 해 주셨습니다. 자녀들은 부모의 기도로 변화되고 성장합니다. 자녀를 위해 기도해 본 사람들은 이미 경험을 했으리라 생각합니다.

또 한 가지, 제가 져야 할 짐이 너무 많았습니다. 그 가운데 가장 큰 것은 남편의 짐, 자녀의 짐입니다. 사실 자녀를 짐이라고 표현하는 것이 모순이긴 합니다. 자녀는 하나님이 주신 축복이지 짐이 아니기 때문입니다. 여하튼 이 두 짐을 동시에 질 수가 없었습니다. 둘 중에 선택해야 한다면 남편의 짐이 훨씬 나을 것 같다고 생각했습니다. 자녀가 저에게 짐이 된다면 제게 큰 아픔이 될 것이기 때문입니다.

전에 했던 기도가 생각납니다.

"하나님, 제가 남편의 짐은 전부 지겠습니다. 그러나 아이들은 제게 짐이 되지 않게 해 주십시오."

하나님은 역시 이 기도에 응답하셨습니다. 시간이 지나면 지날수록 더욱더 그 확신이 깊어집니다.

제 아들이 스물세 살일 때 이렇게 물었습니다.
"지금까지 제일 서러웠던 게 뭐야?"
"비 오는 날, 엄마가 우산 들고 학교까지 온 적이 한 번도 없다는 거."
저는 정말 비 오는 날에 학교까지 우산을 들고 간 적이 없습니다. 심지어 입학식, 졸업식에도 안 갔습니다. 사역과 자녀의 짐을 둘 다 잘 질 역량이 제겐 없었기 때문입니다.

송파에서 목회하던 어느 날, 여성 목회자 한 분이 찾아왔습니다.
"제가 어떻게 해야 할지 모르겠습니다."
그분은 눈물을 펑펑 쏟으며 하소연을 했습니다. 내용인즉 자기 딸이 지금 창녀촌에 가 있다는 것이었습니다. 엄마가 가정을 돌볼 수 없어서 생긴 일입니다. 밤이고, 새벽이고 교회에서 "주여! 할렐루야!"만 외치는 사이에 아이들이 날아가버린 것입니다. 엄마에게서는 더 이상 정을 느낄 수 없고, 마음 붙일 곳도 없으니 방황하게 된 것입니다. 그러다가 안타깝게도 알지도 못하는 남자 품에 안기게 된 것입니다.

여성 목회자가 사역을 하면서 가정을 희생시킬 때가 많습니다. 그러나 사역마저 성공하지 못한다면 하나님 앞에서나 자녀 앞에서 얼굴을 들지 못할 것입니다. 날마다 교회에 가서 기도하고, 늘 사역하느라 아이들마저 제쳐두는데 사역까지 엉망이라면, 아이들은 엄마를 불신하는 것이 아니라 하나님까지 불신하게 될 것입니다. 기도를 불신하게 됩니다.

"그래, 엄마가 그렇게 기도를 해서 잘된 게 뭐가 있어?"

목회자의 가정도 순기능 가정과 역기능 가정으로 나뉩니다. 문제는 항상 역기능 가정에서 일어납니다. 예를 들어, 아버지는 항상 엄하고 어머니는 히스테리가 있으면 문제가 생깁니다. 아버지가 갈등을 야기할 때 어머니가 해줘야 할 스펀지 역할을 하지 않기 때문에 그 가정은 계속 전쟁터가 됩니다. 역기능 가정은 계속 역기능 가정을 만들어내고, 순기능 가정은 계속 순기능 가정을 만들어냅니다. 저는 이 두 가지 사례를 사역 현장에서 수없이 목격했습니다.

기도 이야기

- 미래 환상

반드시 기도의 끝은 오게 되어 있습니다. 또 기도는 지·정·의를 갖춰야 합니다. 이 셋 가운데 어느 한쪽으로만 치우치게 되면 옆길로 빠질 위험이 있기 때문입니다. 제가 기도하면서 체험했던 소소한 이야기들을 나누고자 합니다.

제가 20대 신학생 때의 일입니다. 일주일에 3일 금식을 21일간, 또 장기적으로는 40일씩 이어가고 있었습니다. 이렇게 기도할 수 있었던 것은 하나님께서 제게 초인적인 힘을 주셨기 때문이지, 제 힘으로는 도저히 할 수 없었을 것입니다.

40일 금식이 막 끝났을 때, "장차 되어질 일이다" 하면서 제게 마지막 때에 대한 환상을 확 열어주셨습니다. 제 앞에 유리 막이 쫙 쳐지면서 유리 막 안에 있는 자와 밖에 있는 자를 보여주셨습니다. 그때는 몰랐지만 요즈음 자주 언급되는 기후 변화를 보여주신 것이 아닌가 생각합니다.

세월이 한참 흐른 지금, 저는 세계적으로 매년 엄청난 넓이의 땅이 사막으로 변하고 있는 모습을 보면서 깜짝 놀랍니다. 이렇게 가다가는 지구 표면의 3분의 1이 사막으로 변할 위험에 처해 있다고 하니 말입니다.

어쨌든 제가 본 환상에 따르면, 유리벽 밖에 있는 사람들이 이글이글 타서 죽는 것입니다. 그런데 하늘에는 마치 불로 쓴 것 같은 글자가 나타났는데, 바로 '심판'이라는 두 글자였습니다. 그리고 하나님의 보호 안에 있는 자들과 그렇지 않은 자들이 나뉘었습니다. 하나님의 보호를 받지 않는 자들은 심판 가운데로 들어가는데, 그 가운데에는 교회에 다녔던 사람들도 많았습니다.

이 환상을 본 후 저는 정신이 퍼뜩 들었습니다.

'이왕 예수 믿는 것 똑바로, 제대로 믿어야겠구나.'

두 번째 환상은 제가 지팡이를 들고 있고, 토굴을 파놓은 데로 사람들을 막 데려가는 모습입니다. 아마 적그리스도 시대인 것 같습니다. 지금은 은혜의 시대니까 말씀이 누구에게나 열려 있지만, 그때가 되면 은혜가 거두어지니까 토굴 속에 있는 사람들에게 말씀을 가르치는 겁니다. 저는 이 환상을 통해 앞으로의 제 사명이 어떻게 진행되겠구나를 20대에 감지하게 되었습니다.

저는 성령님을, 성경책을 순수하게 그대로 믿는 사람입니다. 그래서 성령님이 말씀하시면 기꺼이 따릅니다. 한 예로, 저는 이전까지 북한 쪽을 쳐다보지도 않을 정도로 관심이 눈곱만치도 없었습니다. 중국도 마찬가지입니다. 중국에 갔다가 공안에게 끌려가기라도 할까 봐 전혀 갈 생각을 하지 않았습니다. 그런데 성령님이 분별력을 주시고 길을 열어주셔서 중국 선교를 하기도 했습니다.

이처럼 환상을 통해서나 음성을 통해서 알려주시고 명하시면 저는 언제든지 기꺼이 따를 준비가 되어 있습니다.

- 성령님의 감동

영등포구청 지하 성전에서의 일입니다. 어느 날 밤, 혼자 기도를 하는데 성령님이 갑자기 감동을 주셨습니다.

"자리에서 일어나거라. 앉아서만 기도하지 말고 일어나서 기도하거라."

저는 그 자리에서 벌떡 일어났습니다. 그러자 또 말씀하셨습니다.

"너 옛날에 육상선수 했지 않았느냐? 그때 봉화 주자도 했었지? 그렇다면 그때 봉화를 들고 뛰었던 것처럼 오른손을 높이 들고 뛰어라. 성전에서 뛰어라."

저는 학창 시절 단거리 선수였습니다. 운동 신경이 남달리 발달했을 뿐만 아니라 스피드를 좋아했습니다. 그래서 육상 단거리는 제 기질과 잘 맞았습니다. 최대한의 속도로 단번에 달려 결승점에 도달하는 것입니다. 그런데 이 20평 크기의 성전 안에서 뛰라니 저로서는 이해가 가지 않았습니다. 그래도 단거리 달리듯이 뛰었습니다. 그러자 성령님이 또 감동을 주셨습니다.

"그렇게 뛰지 말고, 속도를 낮추어라. 마라톤을 뛰듯 뛰거라. 호흡 조절도 하고, 체력 안배도 하면서 말이다."

저는 그 말씀을 따라 호흡 조절을 하고 속도 조절도 하면서, 오른손을 들고 성전 안에서 열심히 뛰었습니다. 그제야 왜 뛰라고 하셨는지 그 이유를 설명해 주셨습니다.

"목회는 단거리 경주가 아니고 장거리 경주다. 중간에 포기하지 않고 끝까지 뛰려면 네가 가진 모든 실력·은사·능력 등의 안배를 잘해야 한다."

저는 그때 실력을 감추는 것도 능력이라는 것을 깨달았습니다.

능력이란 무엇이든지 다 할 수 있는 것이 아니라는 것도 깨달았습니다. 때에 따라 감정도 감추고 절제하는 것이 지혜임을 깨달았습니다. 성령님이 또 말씀해 주셨습니다.

"내가 너를 봉화 주자처럼 쓰기를 원하니 체력 안배를 잘하고, 지금부터 철저히 준비하거라. 그리고 오로지 결승점에 골인하는 것만 생각하여라."

저는 성령님의 이 말씀을 지금도 기억하면서 목회 현장에서 늘 적용하고 있습니다. 그리고 성령님의 말씀에 순종하여 목회에 필요한 모든 준비를 열심히 해왔습니다. 필요한 자료들을 모으고 정리해서 아직 간직하고 있습니다. 시대의 흐름과 변화에 유연하게 대처하기 위해 계속 저 자신을 발전시키고, 부족한 점은 보완해 가고 있습니다.

저 같은 목회자뿐만 아니라 우리 모두는 마라톤 선수와도 같습니다. 결승점만 바라보고 뛰어야 합니다. 자기 일에 몰두하지 못하는 사람은 다른 일에서 더 큰 만족을 얻을 것 같은 생각에 주변을 기웃거리곤 합니다. 그러면 그 일뿐 아니라 다른 일에서도 성공을 거둘 수 없습니다.

양평 광야대학

"사람이 마음으로 자기의 길을 계획할지라도 그의 걸음을 인도하시는 이는 여호와시니라" 잠언 16:9

교회 건물은 임대 주고 기물은 다 나누어준 다음 저는 양평으로 들어갔습니다. 미국에 들어가 제 계획대로 딱 10년만 있다가 오자는 생각으로 모든 채비를 갖추었습니다. 그런데 저의 이 모든 계획과 준비가 다 날아갔습니다. 이런저런 어려움이 닥쳐온 것입니다.

정말 인간의 생각과 계획만으로는 아무것도 안 됩니다. 사람이 계획을 세울지라도 하나님께서 그 길을 막으시면 되지 않습니다. 저는 이것을 철저히 경험했습니다. 대신 하나님은 미국이 아닌 광야에서 박사 학위를 받을 길을 열어주셨습니다. 그 광야는 바로 양평이었습니다. 그곳에서 저는 갖가지 체험을 했습니다. 이처럼 제 생각과 하나님의 생각은 너무도 달랐습니다.

제가 긴급하게 승계 작업을 하면서 하나님 앞에 이런 기도를 했습니다.

"하나님, 돈은 하나도 없습니다. 그러니 저에게 산 밑에 조그마한 집 하나 주세요."

그러면 그곳에서 말씀을 가르치고, 예언 기도도 해줄 생각이었습니다. 목회 현장에 있으면 진짜 해주고 싶은 말을 못 해줄 때가 많이 있기 때문입니다. 그러나 양평에서는 제가 매여 있지 않고 자유로워서 잘라내 줘야 할 것들을 거침없이 말해줄 수가 있습니다.

"아버지, 제가 그곳에서 선지자적 사명을 감당하면서 전 세계로 부흥회도 다니고, 선교지도 가보고 싶습니다. 저를 20대 초반에 부르셨으니, 이제는 그런 식으로 저를 사용해 주십시오."

하나님은 제 기도에 응답하셨습니다. 산 밑에 조그마한 집을 하나 주셨습니다. 그 집은 원래 모텔이었습니다. 하나님은 저에게 양평 광야 대학을 허락하여 주신 것입니다. 저는 이곳에서 힐링 캠프 사역을 하게 되었습니다.

그런데 매여 있는 것이 싫어 자유를 꿈꾸던 저는 매여 있다는 게 얼마나 큰 축복인지를 이곳에서 발견했습니다. 수많은 사람에게 매여 있고, 교회에 매여 있는 것이 싫어서 "아버지, 저를 자유롭게 해 주십시오"라고 기도했었는데 말입니다. 그런데 제가 성경을 읽으면서 하나님은 묶여 있지 않은 자를 쓰지 않으신다는 것을 발견했습니다. 야곱도 라반 집에 묶여 있었습니다. 또 예수님이 끌고 오라고 하셨던 나귀도 묶여 있었습니다. 이렇게 하나님은 묶여 있는 자를 쓰십니다.

그래서 저는 사람들에게 교회에 잘 묶여 있고, 공동체에 잘 묶여 있고, 직장에 잘 묶여 있고, 가정에 잘 묶여 있으라고 말합니다. 묶여 있는 그 안에서 보호를 받기 때문입니다. 사자나 호랑이 같은 맹수, 또 독수리는 무리 속에 있는 것들은 건드리지 않습니다. 뒤처져 있는 것들을 잡아먹습니다. 그래서 사냥을 할 때는 서로 분리·분열시킨 다음 뒤처진 것을 끝까지 추격합니다.

예수님이 말씀하셨습니다.

"… 나를 떠나서는 너희가 아무것도 할 수 없음이라" 요한복음 15:5

우리가 인생을 살아가다 보면 많은 짐을 지게 됩니다. 저만 해도 정말 감당하기 힘든 짐들이 주어졌습니다. 우리는 저마다 다른 짐을 지고 있습니다. 그런데 저의 경우는 이 짐이 오히려 저를 지탱해 주었습니다. 짐이 축복이 되었습니다. 짐이 무거울수록 축복의 그릇도 크다는 것을 수차례 경험했습니다. 저는 이 그릇이 보다 커지기를 원했습니다. 그릇이 크면 더 많은 것이 담기기 때문입니다. 그런데 이 그릇이 커지려면 저 자신이 찢겨져야 합니다. 때로 하나님께서는 물리적인 방법으로 찢으시기도 합니다. 그전에 저 스스로가 부서지고 찢어지기를 원합니다.

저는 인생이 다양하다는 것을 잊고 왜 나는 저 사람 같지 않은가 비교하고, 경쟁했습니다. 그래서 늘 긴장했고, 평안이 없었습니다. 그런데 바닥까지 떨어지니 그곳에서 자족을 배웠고, 용서와 수용을 배운 것입니다. 비로소 저 자신을 받아들일 수 있게 되었습니다. 내적 치유를 받은 것입니다. 그랬더니 그제야 평안이 찾아왔습니다.

양평 광야 대학에서의 훈련은 지난 시절의 훈련과는 판이하였습니다. 과거의 훈련은 외부적인 압력, 즉 물리적인 것이 동반되었습니다. 저는 이전의 훈련을 블레셋에, 양평의 훈련을 아말렉족에 견주어보았습니다.

혹독한 훈련을 거치면서 공황장애가 오고, 우울증도 왔습니다. 전에는 이러한 증상들을 호소하는 사람들에게, 또 두렵다고 말하는 사람들에게 "걱정하지 마. 담대해"라고 말하곤 했는데, 그 말이 얼마나 허공에 뜬 말인지 확연히 깨닫게 되었습니다. 그런 사람들에게 가장 필요한 것은 단지 옆에 있어 주고, 그 말을 들어주는 것이라는 것을 뒤늦게 알게 된 것입니다.

그러나 양평에서 정말 전혀 다른 형태의 경험을 하게 하셨습니다. 사실 저는 전에 매를 맞다가 정신이 돌아버린 적이 세 번이나 있었습니다. 언젠가 한 번은 차 안에 앉은 채로 매를 맞았습니다. 운전석에 앉았던 남편이 내리더니 제가 앉아 있던 조수석 문을 열고 발로 마구 밟으며 무차별적으로 공격을 했습니다. 그것은 단순한 폭행이 아니었습니다. 물리적 폭행 이면엔 악에 받칠 대로 받친 사람이 지닌 살기가 숨어 있었습니다.

조수석 문을 막고 있으니 도망을 칠 수도 없었습니다. 앉은 채로 꼼짝없이 당하는 수밖에요. 건장한 남자가 그런 식으로 때리니 순간 '내가 죽겠구나' 하는 생각이 들었습니다. 순간 제 정신이 휙 나가버렸습니다. 사람은 살기 위해서 미치는 것입니다.

제가 미친 행동을 하니 남편이 긴장했습니다. "진짜 미쳤네!" 하면서 저를 어디론가 끌고 갔습니다. 공교롭게도 근처에 교회가 있었는데, 저를 그곳으로 끌고 갔습니다. 정신이 혼미한 상태가 되다 보니 먼저 영과 육이 분리되는 것 같았습니다. 마음 따로 육체 따로, 그리고 몸에는 힘이 하나도 없었습니다.

이렇게 정신이 혼미한 상태가 되니까 제일 먼저 영·혼·육이 분리가 딱 돼버리는 것입니다. 몸은 축 처져 꼼짝을 못하는데 제 마음은, 영은 쑥 빠져나와 강대상 앞으로 가는 겁니다. 그리고 내 영이 무릎을 꿇고 앉아 기도를 드렸습니다. 그리고 육에게 "일어나야지"라고 말합니다. 그러나 육은 여전히 움직이질 못합니다. 육은 기운이 전혀 없는데 제 입에서는 찬양이 나옵니다.

"내 평생 소원 이것뿐, 주의 일 하다가…."

그렇게 2시간을 꼼짝도 못하고 있었습니다. 그동안 눈에서는 눈물이 나오고, 입에서는 계속 방언으로 찬양을 하는 겁니다. 2시간이 지난 후에야 영이 들어오면서 저는 살아나 움직이기 시작했습니다. 몸이 움직여지니까 속에서부터 찬양이 터져 나왔습니다. 우리 말 찬양이 아니고 영의 찬양이었습니다.

"예수 결박 푸셨도다
모든 결박 푸셨도다
나의 결박 푸셨도다
나는 자유해."

그러고는 마치 에스겔 골짜기에서 마른 뼈가 살아나는 것처럼, 발끝에서부터 온몸으로 힘이 쭉쭉 올라오는 것을 느꼈습니다. 그리고 일어났더니 정신이 돌아왔습니다. 조금 전까지만 해도 몸 따로 영 따로였었는데 말입니다.

다시금 거절과
단절의 벽에 갇히다

　제가 양평으로 들어갈 때, 저는 다시 싱글이 되었습니다. 제가 남편 없이 혼자 사역을 한다는 사실을 동네 사람들이 처음에는 몰랐다가 나중에 알게 된 후부터 저를 배척하기 시작했습니다. 땅을 조금도 사용하지 못하도록 철조망까지 치면서 말입니다. 혼자 사는 여자로서 여러 면에서 버거웠습니다.

　그렇게 양평에서 5년 동안을 지내다 보니, 아무리 정신 나간 사람같이 저를 힘들게 하던 남편도 없는 것보다는 있는 게 낫다는 생각까지 들었습니다. 옛날 어른들이 하시던 말씀이 있습니다. 방안에만 누워 있는 남자라도 있는 것이 낫다고 말입니다. 이러한 것들을 처절하게 체험하면서 지내다 보니 공황장애가 점점 깊어졌습니다

외국 사역자들이 와서 기도하면서 저에게 재혼을 권유했습니다. 그때 하나님이 보내주신 어떤 사람이 있었습니다. 그래서 제가 아버님처럼 모시던 목사님에게 저희의 약혼식을 부탁드렸습니다. 그런데 그분은 결혼식 준비를 해오셔서 주일날 결혼식 예배를 주관하셨습니다. 그래서 저희 두 사람은 졸지에 결혼하게 되었습니다.

그런데 제가 재혼을 하자 그 무렵 120명 정도였던 실사원생(실천사역전문연구원)들이 모조리 다 떨어져 나갔습니다. 그리고 전국에 부흥회 일정도 줄줄이 취소되었습니다. 왜냐하면, 제가 재혼을 했다는 말과 함께 온갖 추측성 말들이 나돌았기 때문입니다.

그래서 저는 제가 인천에서 양평으로 들어갔을 때 겪었던 거절감과 단절감을 다시금 느끼게 되었습니다. 양평에서 열심히 일해서 부흥되고 안정이 되었는데, 그렇게 또다시 고립된 것입니다. 그로 인해 공황장애가 다시 깊어졌습니다. 그러자 이번에는 제 속에서 분노가 치밀어 올랐습니다. 그래서 수도 없이 혼자서 분을 삭이며 마음을 가라앉히려 애썼습니다.

'당신들이 저를 얼마나 압니까? 저 같은 인생 살아보기라도 했습니까? 당신들 같으면 살 수 있었을 것 같습니까?'

재혼했던 그분에게 참 감사하는 두 가지가 있습니다. 아마 평생 잊을 수 없을 겁니다. 첫째, 법적인 문제를 처리해 주었습니다. 또 하나는 제 공황장애가 재발할 수 있는 시점에서 6개월 동안 매일 와서 지켜주었다는 것입니다. 예컨대 그분이 새벽 1시경 오면, 제게 괜찮냐고 묻습니다. 제가 괜찮다고 하면 "그래, 자라" 하면서 제가 잘 때까지 지켜봐 주었습니다.

만일 그 겨울을 그렇게 지켜주는 사람이 없었더라면 저는 그만 정신을 놓았을지도 모릅니다. 왜냐하면, 책이며 물건이며 제 주변의 모든 것이 저를 향해 아우성을 쳐댔기 때문입니다. 제 심령은 바닥까지 내려간 상태였으니 수치감이 올라오고, 죄책감이 올라오고, 분노가 치밀었습니다. 하나님을 향한 분노, 사람을 향한 분노였습니다.

흔들리지 않고
피는 꽃이 있더냐

　부도가 났을 때 엄청난 스트레스를 받았습니다. 게다가 집안에는 주먹을 휘두르는 남편이 있고, 집 밖에는 빚 독촉하며 위협하는 깡패가 있었습니다. 이러한 가운데 저는 제정신이 아니었습니다. 그야말로 마음을 모으고 정신을 집중하지 않으면 실성할 것 같았습니다.

　그런데 제겐 그러한 스트레스를 풀어주는 유일한 취미가 있었습니다. 자동차에 올라 전속력으로 질주하는 것입니다. 밤샘 기도가 끝나면 새벽 1시에 차를 몰고 180km/h로 밟으면서 중부고속도로를 달렸습니다. 그 당시 과속측정기가 경부고속도로에는 있었는데 중부고속도로에는 없었습니다. 그래서 그대로 180km/h을 힘껏 밟고 갑니다. 트럭이 지나가면 차가 휙 날아가버립니다. 죽을 각오를 하고 달리는 것입니다. 그러다가 정신을 딱 차려보면 충북 음성에 도착해 있었습니다. 그러면 다시 차를 돌려 송파로 올라왔습니다.

물론 소리를 지르며 기도도 하지만, 인간은 혼과 영과 육도 풀어 줘야 혼도 견디고 영도 견디고 육도 견디는 법입니다. 그래서 저도 사람인지라 이런 식으로 스트레스를 풀었습니다. 스피드광인 제가 스트레스를 푸는 방법이었습니다. 그런데 이렇게 할 때 주님이 제게 말씀하셨습니다.

"흔들리지 않고 피는 꽃이 있더냐? 밟히지 않고 자라는 풀이 있더냐?"

이 말씀에 통곡하지 않을 수 없었습니다. 저는 이것을 시로 옮겨 제 책에 넣었습니다. 자라는 새싹들을 보십시오. 지나는 사람들에게 다 밟힙니다. 그렇게 꺾이고 밟히면서 내성이 강해집니다. 또한 제가 몸부림을 치면 칠수록 하나님께서는 저를 위로해 주시고 잡아 주셨습니다. 제가 잘 견뎌내도록 도우셨습니다. 그러나 저는 제 자녀들에게 이러한 싸움을 보이고 싶지 않아 유학을 보내고, 또 기숙사에 보내면서 오롯이 저 혼자 겪어냈습니다.

그런데 양평은 전혀 다른 차원의 훈련지였습니다. 저는 힐링 캠프를 구상하며 100여 평에 달하는 주차장에 천막을 치기로 했습니다. 천막 재료비만 해도 수천만 원에 달했습니다. 그런데 이웃에서 신고를 했습니다. 만일 천막을 못 치게 되면 양평 성전은 아무짝에도 쓸모가 없게 되어버립니다. 제가 구상하는 사역을 위해 그 천막은 꼭 있어야 했습니다. 때는 겨울이라 땅은 다 얼어버렸고, 철재 위에는 눈이 쌓였습니다. 공무원들이 매일 와서 감시하니 천막을 치려고 해도 칠 수가 없었습니다. 그래서 그 주차장을 일곱 바퀴씩 돌았습니다. 그리고 강단을 만들 자리에 얼음이 있었지만, 그곳에서 무릎을 꿇고 손을 들고 기도했습니다.

"하나님, 제가 구한 조그마한 집 주셔서 여기 왔습니다. 여기에 천막을 쳐야 합니다. 아버지 하나님, 사도 바울에게 그레데 섬을 주셨던 것처럼 저도 섬을 만나게 해 주십시오."

이렇게 며칠을 반복했습니다. 그러던 어느 날, 제가 그곳을 도는데 갑자기 찬양이 터져 나왔습니다.
"주는 평화, 막힌 담을 모두 허셨네…."

막힌 담이 허물어졌다는 확신이 확 들었습니다. 그래서 그 천막을 치는 사장님에게 전화했습니다.
"사장님, 기도를 하니까 성령님이 주신 말씀이 있었습니다. 다음 주 월요일에서 토요일까지 이 공사 끝내십시오."
그랬더니 이런저런 이야기를 하시면서 만일 잘못되면 목사님이 다 책임지겠느냐고 물었습니다. 그래서 제가 다 책임질 것이며, 사장님에게 돈을 물어내라는 말은 하지 않겠다고 했습니다. 그랬더니 그분은 난감해 하시면서도 수락했습니다. 그런데 놀랍게도 감시하던 그 군청직원이 출장을 갔습니다. 그래서 그 사이 공사를 다 끝내버렸습니다.

그리고 그 천막에서 예배를 드렸습니다. 그곳에서 한 달에 한 번 힐링 캠프를 했습니다.

스스로
길을 만드는 물처럼

양평은 보통 온도가 영하 10도 위로는 올라가지 않을 정도로 추웠습니다. 힐링 캠프 천막 안에 있던 그 많은 축하 화분이 하룻밤 사이에 다 얼어버릴 정도로 추웠습니다. 그뿐 아니라 불이 나는가 하면, 전기가 나가고, 물이 안 나오고 하면서 매달 이런저런 문제가 그치질 않았습니다. 그러다 보니 마치 현실 세계가 아닌 4차원, 특별히 구별된 공간에라도 있는 듯했습니다. 그야말로 현실 세계와 보이지 않는 세계가 공존하는 그런 곳에 제가 있는 기분이었습니다. 그때마다 이런 대화가 오갔습니다.

"목사님, 물이 안 나와요."
"왜 안 나오는지 빨리 알아봐요."

"할 수 있는 조치는 다 해놨는데요."

"그런데 왜 안 나오는 걸까요?"

이러한 상황에서 도대체 뭘 해야 했을까요? 기도밖에는 방법이 없었습니다. 그래서 기도하고 나면 바로 물이 나오고, 전기가 들어왔습니다. 사람들이 이러한 일들을 두 눈으로 똑똑히 보았습니다.

불도 세 번이나 났습니다. 성령의 불이 아니라 진짜 불입니다. 어느 날, 테라피를 진행하는데 갑자기 배가 아팠습니다. 테라피는 제가 생명을 걸다시피 한 사명이라 절대 자리를 비우지 않습니다. 그런데 자리를 지킬 수 없을 만큼 배가 아팠습니다. 그래서 스태프들에게 병원에 좀 갔다 와야겠으니 진행 좀 하라고 말했습니다.

그리고 6층 숙소로 올라가 옷을 갈아입고 나가려고 하는데, 힘이 너무 빠져서 아무래도 좀 자고 가야겠다고 생각했습니다. 그래서 제 방에 누워 자기 시작했습니다. 이렇게 눈을 좀 붙이고 있는데 갑자기 "불이야!" 하는 외침과 함께 옆방에서 사람들이 나왔습니다.

나가 보니 옆방에서 불이 났다고 외치는 소리가 들렸습니다. 옆방에 들어가 보니 이미 불이 붙어서 활활 타오르고 있고, 그 가운데엔 사람이 앉아 있었습니다. 그런데 그분은 완전히 정신이 나간 상태로 헛소리처럼 "불 다 껐어요, 다 껐어요" 하고 있었습니다. 불은 여전히 타고 있는데도 말입니다.

나중에 알고 보니, 그분이 불 부항을 하는 분인데 램프가 쏟아지자 물병에 담아 놓은 액체 연료를 물인 줄 알고 들이부어 불이 확 번졌던 것입니다. 어린 시절의 경험은 역시 평생 도움이 되었습니다. 제가 운동을 하면서 합숙 훈련도 했었습니다. 그래서 이런 불은 물로 끄는 것이 아니라 담요를 덮어야 한다는 것이 떠올랐습니다. 마침 담요가 많이 있었기에 담요를 막 가져다가 덮었습니다. 그렇게 해서 불을 다 껐습니다. 불을 다 끄고 기진맥진한 상태로 앉아 있는데, 그제야 1층에서 엘리베이터를 타고 올라왔습니다. 만일 초기진압을 하지 않았더라면 늦어버렸을 것입니다.

　또 한 번은 연말에 불이 났습니다. 그때 저는 일주일 금식을 하고 있었습니다. 아주 행복한 나날이었습니다. 주일예배를 다 끝내고 따끈따끈한 곳에 편안하게 배를 깔고 대 힐링 성전에 있었습니다.
　그런데 우리 목사님 한 분이 "불이야!"가 아니고 그냥 "어어!" 하면서 고함을 치셨습니다. 맨발로 뛰어 나갔습니다. 나가 보니 한쪽 벽에 겨울에 쓸 장작이 빼곡하게 쌓여 있었는데, 거기에 불이 붙어버린 것입니다. 불의 혀가 날름거리며 천장을 향해 치닫고 있었습니다.
　"아이고, 주님 안 됩니다! 불나면 안 됩니다!"
　저는 한 손에만 장갑을 낀 채 맨손으로 장작을 우선 흩으려 했습니다. 그래야만 불을 끌 수 있을 것 같았습니다. 그런데 장작이 잘 흩어지지를 않았습니다. 더구나 일주일째 금식을 하고 있던 차라 뱃심이 나오질 않았습니다. "주님, 안 됩니다. 안 됩니다"만 되풀이했습니다.

그때 천사가 도와주셨습니다. 불은 천장에 옮겨붙지 않고 꺼졌습니다. 만일 불이 번져 소방차라도 왔으면 정말 문제가 커지고, 어려운 일도 많이 겪었을 것입니다. 그러나 미처 신고할 겨를도 없이 진화가된 것입니다. 불을 다 끄고 나니 그제야 앞집 사람이 왔습니다. 그래서 다 정리했고, 괜찮다고 말했습니다.

이렇듯 주께서는 문제가 생길 때마다 저로 하여금 그 자리에 있게 하셨습니다.

그뿐만이 아닙니다. 원래 모텔이었던 이곳은 세상 사람들 말을 빌리자면 음기가 세서 그런지 귀신들도 많아 엄청난 영적 전쟁을 치러야 했습니다. 실제로 한밤중에 문이 혼자 삑 열렸다가 닫히기도 했습니다. 이렇게 온갖 전투를 치르다 보니 제가 병이 들어버렸습니다.

양평으로 오기 전까지는 제 밑에 부교육자들이 많이 있었기 때문에, 저는 가르칠 원고 정리만 하고 부흥회에 다니곤 했습니다. 또한 저는 가전제품, IT 기기, 기계설비 등을 두려워해서 아직도 세탁기를 못 돌릴 정도입니다. 그런데 양평에 와서는 제 손으로 보일러까지 손봐야 하는 상황이 되어버렸습니다. 보일러 외에도 이런저런 시설들을 다 만지다 보니 두려움이 엄습했습니다.

심지어 건물이 무너지지는 않을까 하는 두려움에 사로잡히기도 했습니다. 게다가 그곳에 오는 사람마다 이렇다 저렇다 한마디씩 해대니까 매일 밤 건물이 무너지는 공포에 사로잡혔습니다. 그래서 자다가도 벌떡 일어나곤 했습니다. 정말 무너질 건물이라면 제가 떠받친다고 되겠나 하는 생각이 들었습니다. 그러나 이런 일들을 통해 하나님은 저에게 많은 것들을 가르쳐주셨습니다.

어느 해에는 홍수가 났습니다. 아마 그곳에 들어간 첫해였을 겁니다. 그때 정말 물이 무섭다는 생각을 했습니다. 물은 길이 없는 곳이라도 스스로 길을 만들며 휩쓸고 지나갔습니다. 금세 1층까지 다 잠겨버렸고, 연못에 있던 물고기도 둥둥 떠내려갔습니다. 비는 억수같이 쏟아지고, 물을 막느라 온몸이 흠뻑 젖었습니다. 그러다 지쳐 도로에 철퍼덕 앉아 가만히 보니 붉은 흙탕물이 땅을 파헤치며 무섭게 흘러갔습니다.

"물은 스스로 길을 내는 것이다."

저는 성령이 하시는 말씀을 알아들었습니다. 그렇다면 저는 강력한 성령의 불길로 길을 열고 가야겠다고 생각했습니다. 물은 성령을 말하는 것으로 제가 알아들었기 때문입니다. 그래서 이렇게 답했습니다.

"네, 주님 알겠습니다."

비움의
영성을 배우다

"너희 안에 이 마음을 품으라 곧 그리스도 예수의 마음이니 그는 근본 하나님의 본체시나 하나님과 동등됨을 취할 것으로 여기지 아니하시고 오히려 자기를 비워 종의 형체를 가지사 사람들과 같이 되셨고" 빌립보서 2:5-7

어느 해인가, 너무너무 힘들어서 교대 옆쪽으로 임대로라도 나가 보려고 알아보러 다녔습니다. 그런데 모두 돈이 만만치 않았습니다. 제가 감당하기에 버거웠습니다. 그래서 다시 기도했습니다.

"하나님, 제가 어떻게 하면 좋겠습니까?"

그랬더니 성령님이 답을 주셨습니다.

"사람이 있는 한 파토[파투(破鬪)의 음이 변형된 것으로, 화투에서 판이 무효가 되는 것을 말함)란 없다. 예중(성령님이 나를 부르시는 이름)아, 시간의 차이가 있을 뿐이다. 네가 기다리면 된다."

그래서 6개월간을 바깥에 나가서 쓸 돈을 건물을 예쁘게 치장하는 데에 다 써버렸습니다. 이런 과정을 지나면서 때를 기다렸습니다. 이곳은 교회와는 달리 매달 콘퍼런스가 열리니 늘 새로운 시작이었습니다. 교회에는 성도가 있지만, 여기엔 내 성도가 없었습니다. 집회 참석자들은 우르르 왔다가 끝나면 우르르 몰려나갑니다. 이러한 현상이 매달 반복되는 것입니다. 그런데 이것이 얼마나 힘든지 모릅니다. 뭔가 쌓여야 할 텐데 쌓이지를 않으니 말입니다. 원래 인생은 쌓여야 합니다. 돈도 마찬가지입니다. 그런데 쌓이지를 않으니 어려웠습니다.

어느 날 쓸쓸하게 앉아 있는데, 다리도 불편하고 헤죽헤죽 웃는 모양새가 뭔가 좀 부족한 듯 보이는 분이 올라오는 것이 보였습니다. 얼마나 반가웠는지 모릅니다. 얼마나 예뻐 보였는지 모릅니다. 그래서 벌떡 일어나서 "어서 와, 어서" 하면서 한껏 반겼습니다. 제가 너무 외로웠기 때문입니다. 그 사람도 제가 너무 반가워하니까 어쩔 줄을 몰라 했습니다.

저는 그에게 밥 먹었냐고 묻고는 밥을 챙겨주었습니다. 순간 성령님이 제게 깨달음을 주셨습니다.

"예증아, 꽃인들 이렇게 너희를 기쁘게 할 수 있었겠느냐?"
"없습니다."
"그렇지, 사람이 꽃보다 아름다운 것이란다."

맞습니다. 사람이 아름다운 것이고, 사람이 기쁨을 주는 것입니다. 사람이 소망을 주는 것입니다. 빌립보서 2장 7절 말씀처럼, 예수님은 자기를 비워 종의 형체를 가지셨습니다. 7절 "자기를 비워"에서 '비운다'는 것은 헬라어로 '케노시스'입니다. 이 '비움'이 있어야 예수님을 담을 수 있습니다.

이렇게 저는 양평에서 비움의 영성을 배우게 되었습니다. 그리고 예수 이름의 권세에 대해, 다시금 깊이 깨닫게 되었습니다. 예수 이름으로 기도하는 실전을 통해 신앙을 재무장하기 시작했습니다. 그리고 영성 프로그램을 6~7개 만들었습니다. 100여 가지 영적 사역의 스킬을 전부 정리하였습니다. 저는 상황이 어렵고 힘들다고 가만히 놀고 있는 사람이 아닙니다. 저는 어떤 상황 속에서도 항상 준비합니다. 항상 나에게 내일은 올 것이라고 믿기 때문입니다. 그래서 만반의 준비를 하고 때를 기다렸습니다.

그리고 정말 어렵고 힘들 때는 6층 목양실로 갔습니다. 그곳에 있는 책상 아래 공간이 넓은 편인데, 그곳으로 들어가 방석으로 제 머리를 덮습니다. 울고 소리 지르고 기도하면 아래층에서 다 들리기 때문입니다. 또 제가 울면 사람들이 기가 죽을까 봐 소리가 안 들리게끔 책상 밑에서 기도했습니다. 기도 제목이 무엇이었겠습니까?

"아버지, 돈 주세요, 돈. 아버지, 이것도 있어야 하고, 저것도 있어야 합니다…."

손가락을 꼽아가면서 아주 서럽게 기도를 했습니다. 그랬더니 성령께서 말씀하셨습니다.

"나만 있으면 되지 않니?"

"아, 가만히 좀 계셔보세요."

그리고 다시 구했습니다. 그런데 또 같은 말씀을 하셨습니다.

"나만 있으면 되지 않니?"

"가만히 계셔보라니까요."

세 번째에도 역시 같은 말씀을 하셨습니다.

"나만 있으면 되지 않니?"

그제야 저는 답했습니다.

"맞습니다!"

그리고 "오소서, 진리의 성령님~" 찬양을 목이 터져라 불렀습니다.

너희는 부르짖으라

"너희를 향한 나의 생각을 내가 아나니 평안이요 재앙이 아니니라 너희에게 미래와 희망을 주는 것이니라 너희가 내게 부르짖으며 내게 와서 기도하면 내가 너희들의 기도를 들을 것이요 너희가 온 마음으로 나를 구하면 나를 찾을 것이요 나를 만나리라" 예레미야 29:11–13

그 당시 저는 마치 단테의 《신곡》에 등장하는 지옥문 앞에 서 있기라도 한 듯 희망이 전혀 없었습니다. 너무도 신경을 많이 쓰고 고민을 하니까 급기야 원형 탈모가 일어나 머리칼이 빠졌습니다. 젊디젊은 내가 평생 이렇게 어떻게 살까 생각하니 희망이 사라졌습니다. 사람이 희망을 잃으면 죽은 거나 마찬가지입니다. 이전에는 뭘 해도 잘되었는데, 땅이라도 사려 하면 다 뺏어가고, 도무지 되는 일이 없었습니다. 앞뒤가 다 막혀버렸습니다. 그러다 보니 두려움이 밀려오기 시작했습니다. 그 두려움이 건물에 대한 불안과 더불어 불안장애, 공황장애로 이어졌습니다. 그리고 더는 제 힘으로 제어할 수 없는 지경에 이르렀습니다.

기도하고 있는데 누가 와서 이런저런 이야기를 하면 다시 두려워졌습니다. 두려움은 정말 무서운 것입니다. 두려움은 그 어떤 강력 접착제보다 더 세서 한번 딱 붙으면 안 떨어집니다. 그리고 사람을 무기력하게 만듭니다. 두려움에 빠지면 의욕 상실과 함께 깊은 나락으로 떨어지면서 수치감과 죄의식에 붙들리게 됩니다.

그 당시 인천교회의 기물들을 다 나누어주고도 남은 것이 있어서 그것을 양평 창고에 보관했습니다. 그런데 제가 가끔 창고에 들어갈 때마다 그 물품과 연관된 사람과 기억이 떠올랐습니다. 그리고 지나간 그 기억들이 저를 공격했습니다. 그것들이 한데 모여 거대한 원성이 되어 제게 달려드는 것입니다.

우울증 환자나 조현병 환자들을 힘들게 만드는 것도 바로 이러한 것입니다. 즉 옛 기억이 그 사람들을 공격하는 것입니다. 저의 경우, 창고에 들어가면 그 수많은 기물이 제게 말을 했습니다.

"목사님! 목사님! 왜 그렇게 하셨어요?"

이런 소리들을 듣다 보니 '사람이 이렇게 미치는 거구나'라는 생각이 들었습니다 이러한 상황에서 미국 집회를 다녀왔습니다. 그 무렵 갱년기 우울증까지 겹쳤습니다. 처방받은 흰 알약을 책상에 놓아두고 저 자신과 싸움을 벌였습니다. 저 약을 먹을 것인가, 말 것인가? 그 약을 일단 먹고 나면 저는 그것으로 끝나는 거라고 생각했습니다. 평생 그 약을 먹어야 하기 때문입니다. 감사하게도 저는 그 약을 먹지 않고 이겨낼 수 있었습니다. 약이 아니라 주께서 저를 치료해 주셨던 것입니다.

그 후 저는 선포기도를 시작했습니다. 2015년부터 선포기도를 시작한 것입니다. 저 자신을 이기고 살아가야 했기 때문입니다. 주께 물었습니다.

"주님, 어떻게 합니까?"

그때 선포기도가 떠올랐고, 선포기도를 통해 나 자신은 물론 다른 사람들을 회복시키기로 작정했습니다. 담대하게 외치면서 기도한 지 한 달, 두 달, 석 달이 지났지만 아무 일도 일어나지 않았습니다. 저는 씨앗을 뿌린다고 생각하며 1년간 계속 이어갔습니다. 씨를 뿌리면 언젠가는 싹이 날 테니까요.

그리고 1년이 지나 저는 다시 인천으로 돌아가게 되었습니다. 성령의 말씀만 붙잡고 인천에 다시 들어왔지만 새로 시작해야 하는 과정에서 어려움이 많았습니다. 그러나 하나님께서는 약속한 대로 모두 이루어 주셨습니다.

다시 인천으로

회복을 외치며 큰소리로 기도하는 중에 성령님이 인천으로 돌아가라고 말씀하셨습니다. 제가 도저히 거절할 수 없는 여러 가지 사건 정황들을 보여주셨습니다. 만일 제가 거절하면 제 후손이 벌을 받으면 어쩌나 염려할 정도로 강력했습니다. 인천으로 돌아가려면 보증금만 해도 2억 4천만 원이 있어야 했습니다. 제 힘으로는 해결할 수 없는 부분이었습니다. 설사 보증금을 마련한다고 해도 기물이라고는 하나도 없는 텅 빈 곳이었습니다. 이 점을 감안할 때 최소한 3~4억 이상의 돈이 있어야 했습니다.

그러나 지체하면 할수록 순종하기 힘들 것 같아서 울면서 양평에서 인천 성전으로 갔습니다. 계약 만기가 1년이 남았지만, 덩어리가 워낙 크니 미리 준비하라고 알렸습니다.

"내년 임대 기한이 끝날 때 제가 다시 들어올 것입니다."

그리고 제게는 건물 열쇠가 있었기에 안으로 들어가 보았습니다. 그때 하나님께서 제 눈을 확 열어주셨습니다. 마치 야곱의 사다리처럼 현관문이 하늘과 연결이 되어 있는 환상을 보여주셨습니다.

'이곳이 나의 벧엘이구나. 그렇다면 이 벧엘로 와야 하는구나.'

본당으로 올라가 기도를 했습니다. 또다시 제 앞에 환상이 펼쳐졌습니다. 마치 야채실 에어커튼에서 안개가 내려오듯 안개가 끼어 있고, 비닐이 야채를 덮듯이 펼쳐져 있었습니다. 비닐 속에는 20대, 30대, 40대, 50대 가족들이 병들어 앉아 있었습니다. 제가 그 비닐을 확 벗겨내니 모두 생기를 되찾고 살아났습니다. 그다음 사거리를 보여주셨는데, 사람들이 사방에서 이곳으로 들어오는 것이었습니다. 하나님이 제게 약속을 주신 것입니다.

확신을 얻은 저는 선포하면서 돌아왔습니다. 그리고 현실적으로는 아무것도 가지고 있지 않았지만 매일 선포했습니다.

"회복의 속도가 더합니다."

그렇다고 특별한 일이 벌어지지는 않았습니다. 생각지도 않던 돈이 생기지도 않았습니다. 그래도 저는 계속 선포기도를 했습니다.

결국, 기적적으로 저는 인천 성전으로 돌아오게 되었습니다. 그리고 성전 리모델링을 시작했습니다. 돈이 없으니 1층 갤러리 타일 바닥을 닦아서 사용하기로 했고, 일할 사람이 없으니 제가 쭈그리고 앉아 닦기 시작했습니다. 제겐 디스크 협착이 있어서 몸을 구부린 채 일을 할 수가 없습니다. 그 상태에서 타일을 닦아내는데 정말 죽을 것 같은 기분이었습니다. 저는 막 울면서 하나님께 기도했습니다.

열심히 바닥을 닦고 있을 때 제 옆에 얼핏 옷자락이 보였습니다. 주님이 제 곁에서 저와 함께 타일을 닦고 계시는 것이었습니다. 제가 깜짝 놀라서 "주님!" 하고 불렀더니 "그냥 계속 닦아라" 하시는 겁니다.
처음에는 힘들다고 울었지만, 나중엔 너무 기뻐서 주님과 함께 열심히 닦았습니다. 그뿐 아니라, 입구 쪽에 2층으로 올라가는 첫 번째 계단이 있는데, 그곳에 주님이 긴 옷자락을 드리우고 앉아 계셨습니다.
"아니, 주님, 왜 거기 앉아 계십니까?"
"너를 어떻게 도와줘야 할지 고민하고 있단다."
이렇게 저는 양평에서는 전혀 생각지도 못했던 주님의 현존과 임재를 동시에 경험했습니다. 그것은 마치 가상의 공간과 현실 세계처럼 영적인 세계가 바로 연결되면서 기도하면 이 모든 것을 볼 수 있는 현장에 저를 두셨습니다.

여하튼 인천 성전 입성을 무사히 마쳤습니다.

시대를 읽으라

기도원 사역을 하다가 교회를 하라는 명령을 받고 교회를 시작할 때, 은사목회를 하시는 분의 목회와 교육목회를 하시는 분의 목회를 비교해 보았습니다. 기도원 사역을 했기 때문에 은사도 있고 하나님께서 말씀의 은혜도 주셨습니다.

'그렇다면 나는 어떤 목회를 해야 하나?'

우리는 시대의 흐름을 꿰뚫어 볼 수 있어야 합니다. 한 손에는 성경을 들고, 한 손에는 신문이 있어야 합니다. 저는 20대부터 부흥회를 인도하고 다녔습니다. 스물아홉 살 때 첫 부흥회를 인도했는데, 첫날 단 한 명을 앉혀 놓고 부흥회를 하였습니다. 오픈 성회를 갔는데 거기에 있는 전도사와 사모, 둘을 빼고 포스터를 보고 온 사람이

단 한 사람이었습니다. 그 한 명을 놓고 말씀을 전했습니다. 그런데 그 사람이 큰 나팔꾼이 되어 그 첫 번째 부흥회 자리가 꽉 차게 되는 아주 놀라운 역사가 일어났습니다.

"하나님, 김록이가 부흥사로서 자질이 있는 것을 오늘 확인받았습니다."

부흥회 인도

하나님으로부터 부흥사적인 사명을 받았다는 것을 깨닫고 마음으로 감사를 드렸습니다. 20대에 부흥회를 다닐 때는 헌금도 참 많이 걷혔습니다. 그 당시만 해도 사람들은 감동도 잘하고 은혜도 잘 받았습니다. 은혜를 받으면 끼고 있던 반지나 목걸이를 빼서 드리는 일도 흔했습니다.

그렇게 3~4년 동안 부흥회를 인도하러 다녔습니다. 그런데 돌연 주님이 멈추라고 하셔서 멈췄습니다. 성령님께서 멈추라고 하시면 멈춰야 합니다. 그리고 다시 은둔 생활로 들어가서 재준비를 하였습니다.

그렇게 은둔 생활을 하고 있는데, 다시 부흥회에 나가도 된다는 주님의 허락이 떨어졌습니다. 그래서 기다리고 있는데, 어디선가 부흥회 요청이 왔습니다. 가보니 상황이 예전과는 너무나 달라져 있었습니다. 사람들이 주머니에 물질이 있어도 내놓지 않았습니다. 전하는 말씀에 은혜를 받는 것 같긴 한데 헌금이나 헌신, 봉사하는 것에서 아주 큰 차이가 났습니다.

그리고 또 세월이 지났습니다. 기도원을 할 때는 사람들이 찾아와 심방을 요청하는데, 보통 하루에 10~15군데를 했는데 20분이면 심방이 끝납니다. 식사는 부탁한 도시락으로 차 안에서 해결했습니다. 심방을 가서는 각 집의 상황에 맞는 권면의 말씀을 전했습니다. 심방하는 시간은 모두 자투리 시간을 이용했습니다. 기도원에서 하루 두 번 예배를 드리고 남은 시간을 최대한 활용한 것입니다.

심방을 하면서 시대가 달라졌다는 것을 피부로 느꼈습니다. 믿는 사람들, 특히 목회자들은 이러한 시대적 변화에 민감해야 합니다. 그래야 영적으로 잘 대처하고, 성도들을 선하게 이끌 수 있습니다.

21세기에 접어들면서 IT 시대가 중심이 되었고, 개인화 현상이 강해졌습니다. 오프라인 공동체보다는 온라인 공동체가 더 성황입니다. 한마디로 21세기는 심방 목회 시대가 아닙니다. 예를 들어, 목회자가 아직도 IMF 이전의 사고를 고수하고 있다면 심각합니다. IMF 이전과 이후의 판도가 완전히 달라진 것은 경제부문에 국한된 것이 아닙니다.

찾아봤던 가정의 정성 어린 헌금으로 한 해에 1억 이상이 들어온 적이 있습니다. 그 당시만 해도 많은 사람이 심방을 사모했고, 원했습니다. 그런데 지금은 상황이 변했습니다. 특히 IMF 이후 심방을 꺼리기 시작했습니다. 또한 새천년 시대에 접어들자 이러한 현상은 더욱더 두드러졌습니다. 심방을 달갑게 생각하지 않는 사람들이 늘어났습니다. 심방을 갈 것이라고 알리면, 부담스러워하면서 이런저런 핑계로 미루었습니다. 물론 개중에는 심방을 기뻐하고 반기는 분도 있습니다. 그러나 이전과는 판도가 확연히 달라졌다는 것만은 분명합니다.

혹시 이러한 변화가 나에게만 일어난 것이 아닐까 하여 주변에 알아보았습니다. 그 결과, 심방이라면 첫째로 꼽는 여의도교회까지도 심방을 거절하는 경우가 많아졌다는 것입니다. 21세기는 심방 목회 시대가 아닙니다. 그뿐만 아니라 거리상의 문제, 차량의 문제, 시간의 허비 등 심방에 목회의 생명을 걸기에는 너무 비효율적인 부분이 많습니다.

　이제는 목회자가 찾아가기보다는 성도들이 교회에 오게 하는 목회를 해야겠다고 생각했습니다. 그래서 교육목회라는 대안을 생각하게 되었습니다.

천안 성전
- 네가 해라

그런데 1년이 지났을 때, 양평에서 나온 지 2년째 되던 해, 천안 성전을 세우라고 말씀하셨습니다. 지금 이 정도면 만족할 수 있겠다 싶었는데 말입니다. 이것 역시 저로서는 불가능했습니다. 저에게는 땡전 한 푼 없었으니까요. 그래도 저의 주군이신 하나님께 충성을 맹세했으니 기꺼이 이행하겠다고 답했습니다. 그리고 이번에도 기적적으로 다 이루어졌습니다.

천안 성전은 저에게 교육을 받던 사모님의 교회였습니다. 그런데 어쩌다 그 교회가 어려움을 당하여서 매물로 내놓게 되었습니다. 바로 이 시점에서 저에게 기도 부탁을 했습니다. 그런데 성령님이 제게 말씀하셨습니다.

"네가 해라. 네가 그곳으로 가라."

"아니, 주님, 무슨 말씀입니까? 저는 못합니다."

그래도 기도만 하면 계속 저보고 그곳으로 가라고 말씀을 하셨습니다. 그래서 양평에서 나온 지 1년 만에 인천 성전은 어느 정도 궤도에 올랐는데 천안을 또 개척해야 했습니다. 하는 수 없이 천안 개척을 시작했습니다. '천안 그레이스 힐링교회'가 탄생한 것입니다.

그레이스 힐링교회

천안 교회는 사명자들, 목회자들, 실천사역전문연구원을 중심으로 한 그레이스 실천사역전문연구 사역을 목적으로 세워졌습니다. 제 기도 가운데 성령님이 감동을 주셨습니다.

'너는 이곳에서 마지막 때를 준비하는 자들을 훈련시켜라. 여기는 영적 훈련소다.'

그 말씀에 순종해서 시작했는데, 정말 전국에서 사람들을 보내주셨습니다. 설립 당시에는 사람이 하나도 없었습니다. 단지 먼저 목회하시던 목사님의 성도가 예닐곱 명 남아 있었을 뿐입니다. 저는 그분들에게 선포했습니다.

"여러분, 앞으로 전국에서 사람들이 이곳으로 올 겁니다."

이 말은 오로지 성령님의 약속만 믿고 한 것입니다. 사실 저는 사람들이 오겠다는 말을 들은 적도 없고, 예약을 받은 적도 없었습니다. 다만 성령님의 감동으로 선포한 것입니다. 저는 2015년부터 선포기도를 시작했습니다.

〈자녀를 축복하는 선포기도문〉

내가 나사렛 예수의 이름으로 명하노니
나의 자녀의 속사람은 강건케 될지어다!
나의 자녀는 예수 그리스도의 사랑으로 성장할지어다!

나의 자녀는 마음과 목숨과 뜻을 다하여 하나님을 사랑할지어다!
나의 자녀는 날마다 하나님께 영광을 돌릴지어다!
내가 예수 그리스도의 이름으로 명하노니,
자녀를 괴롭히는 모든 더럽고 추악한 영들은 이 시간 떠나갈지어다!
자녀에게 있는 죄악과 망령된 행실들을 이 시간 파쇄하노라!
자녀를 묶고 있는 모든 더러운 세력들은 떠나갈지어다!
자녀에게 있는 모든 염려와 걱정과 불안의 영은 떠나갈지어다!
모든 수치심과 두려움과 우울한 영은 떠나갈지어다!
내 자녀는 하나님과의 신뢰감과 친밀감을 통해 새로워질지어다!
내 자녀는 자율성과 주도성과 근면성과 정체성을 갖게 될지어다!
그 어떠한 악한 세력이나 영향력도 내 자녀를 건드리지 못할지어다!

때를 얻든지 못 얻든지
- 코로나19 시대를 살면서

코로나19가 중국을 넘어 전 세계로 퍼지기 시작한 것은 2020년 2월 중하순부터입니다. 그때만 해도 겨울이 지나면 괜찮으리라 생각했습니다. 그런데 장기화가 되면서 봄철로 접어드니 두려움이 엄습했습니다. 아직 채무 정리도 안 되었고, 제가 운영해 나가야 할 재정의 규모는 너무도 컸습니다. 양평도 있고, 인천도 있고, 천안도 있는데 말입니다. 이렇듯 덩치가 큰 세 곳을 운영하자니 다시금 재정 압박도 오고, 두려워하지 않을 수 없었습니다. 또한 제 곁에서 오랫동안 저를 도와주시던 권 이사님마저 떠나니 제 마음속에 다시 불안장애가 고개를 쳐들었습니다.

한번 호되게 앓았던 사람은 미미한 증세만 와도 금방 알아채듯이 저도 제 상태를 감지했습니다.

'아, 내가 이대로 가면 또 안 되겠구나.'

그래서 천안에 있는 밭을 잔디밭 정원으로 만들 결심을 했습니다. 이를 위해 어느 분이 헌금하기로 했지만, 그분 혼자 다 감당이 안 돼서 빚을 냈습니다. 그래서 연못도 파고, 잔디밭을 조성했습니다. 이 일을 하는 데에 꼬박 6개월이 걸렸습니다. 그 기간 동안 제가 금식을 많이 했습니다. 금식하면서 허기진 상태로 잔디 떼를 나르는 일을 했습니다. 제 내면이 힘들어 죽게 생겼기에 그런 일이라도 하면서 사이사이 틈만 나면 기도를 했습니다.

"하나님, 시대가 이렇게 흘러가면 어떻게 합니까? 제가 하는 사역은 사람들을 만나야 하는 사역인데 코로나 이거 어떻게 합니까?"

그러고 나서 6개월 동안 유튜브를 뒤졌습니다. 그리고 전 분야의 유튜브 방송을 시청했습니다. 그 과정에서 여러 가지를 터득했습니다.

'아, 이 사람은 이런 식으로 하는구나, 저 사람은 저런 식으로 하는구나.'

그러다가 8월에 깜짝 집회를 은혜롭게 잘 마쳤습니다. 그리고 코로나도 서서히 사라지리라 생각했습니다. 그런데 예상과는 달리 다시 코로나19가 극성을 부리기 시작하면서 방역수칙이 강화되었습니다.

그래서 저는 우리 송 전도사에게 물었습니다.

"영상 찍을 수 있지?"

"네."

그래서 제 설교를 촬영해서 2020년 8월부터 유튜브에 올리기 시작했습니다. 콘텐츠는 모두 제 머릿속에 쟁여져 있었으니 큰 어려움은 없었습니다. 초반 구독자 수가 500명 정도였는데, 10월에 1,000명 돌파, 2021년 1월에는 1만 명 돌파, 2월에는 2만 명이 돌파되면서 지금은 6만여 명이 되었습니다. 원고를 따로 만들 시간이 없어서 틈만 나면 기도문을 녹음하고 영상 제작을 해서 실시간으로, 또는 편집해서 내보냈습니다.

유튜브 방송을 하면서 떠올린 것이 있습니다. 오래전 제가 고수부지에서 온종일 시간을 보낼 때에 말씀을 준비하라고 하신 하나님의 음성입니다. 그 말씀에 순종해서 준비한 것들이 교재를 만드는 데도 사용되었는데, 지금은 이렇게 사용되고 있는 것입니다. 쉴 새 없이 영상을 찍어 엄청난 양을 만들었습니다. 송 전도사와 제가 잠도 안 자고 이 일을 하기도 합니다. 유튜브 방송은 제2의 발전을 위해 계속 진행할 것입니다.

그리고 새로 기획하고 있는 것은 메타버스를 활용하는 것입니다. 하나는 장기적인 안목에서 준비하고 있고, 또 하나는 한국교회의 목회적인 부분에서 준비 안 된 분들이 너무 많은데 이분들을 돕는 것입니다. 또 한국교회 성도님들의 교회생활과 사회생활 사이에 큰 갭이 있습니다. 예컨대 교회 안에서는 거룩해 보이지만 일단 교회 밖으로 나가면 전혀 다른 생활을 하는 분들이 많습니다.

또 재정에서도 어려운 분들이 많습니다. 세상 사람들은 지혜로워서 투자도 잘하고 하지만, 교회만 열심히 다니는 사람들은 그런 것을 배울 데가 없습니다. 교회에서 가르쳐줄 리도 만무합니다. 그래서 생겨난 그 괴리가 아주 큰데, 그것을 제가 조금이라도 좁혀줘야겠다는 생각을 하고 준비하고 있습니다.

또 3시간 전 세계 순회기도 콘퍼런스가 있습니다. 국내뿐 아니라 전 세계로 나가는 것입니다. 그래서 2022년 1월에는 100주년 기념관에서 진행되었으며, 12월에는 대구에서 할 예정입니다. 2023년에는 상암월드컵경기장에서 4만 명이 모여 24시간 기도 축제를 열 것입니다.

코로나 팬데믹으로 인해 거의 1만여 개 교회가 문을 닫았습니다. 저는 기도하는 가운데 기도의 불을 지피라는 감동을 받았습니다. 말로만 기도하라고 하면 못합니다. 누군가 기도의 불을 지펴야 합니다. 제 옆에는 훈련생들이 많습니다. 이들이 전국 교회 가운데 신청한 교회에 가서 원데이 집회를 합니다. 집회를 통해 그 지역을 살리고, 전도하고, 치유사역을 합니다. 이러한 사역을 통해 불을 붙이는 것입니다. 모두 자비량으로 합니다.

또 10월에는 일본 집회가 예정되어 있는데, 코로나 상황에 따라 변수가 생길 수 있고, 격리 일자 등을 고려하여 날짜 조정이 필요할 수 있을 겁니다. 다만 하나님은 우리가 때를 얻든지 못 얻든지, 우리가 처한 상황에서 최대한 창의력을 발휘하여 복음을 전하기 원하십니다.

오산리기도원 세미나

오산리기도원 세미나

지난 사역을 되짚어 보며

저의 미래 비전을 논하기 전에 지금까지의 행로와 저의 목회철학을 더듬어봅니다.

저는 서울에서 목회를 5년 6개월간 했습니다. 30명에서 시작한 교회가 3개월 후에 100명으로 늘어났습니다. 5년 3개월이 되었을 때, 강남 송파에서는 주일학교 아이들까지 합쳐 450명이 되었습니다. 이 시기에 임대해서 사용하던 빌딩을 매입하였습니다. 그리고 다음 해, 인천으로 교회를 이전하게 되었습니다.

제가 생각하는 교회 성장 기본전략은 '어머니 목회'입니다. 여자는 약하지만 어머니는 강하기 때문입니다. 어머니가 주도하는 가정 경제는 부도가 나지 않습니다. 저는 어머니의 심정으로 양들을 품고 보살펴왔습니다. 그래서 성도들이 교회에 오면 마치 고향이나 친정집에 온 것 같다고 말합니다. 그래서 그런지 타 교회보다 초신자들의 정착률이 높았습니다.

그동안의 기도원사역과 훈련사역을 통해 축적된 경험과 지식을 토대로 교회 자체 단계별 교육 프로그램을 실행했습니다. 또한 철저한 교육목회와 은사목회와 또 전도에 집중했습니다. 고린도전서 12장에 나타난 성령의 특별한 은사 외에 성도 개개인이 지닌 다양한 은사들을 잘 활용해서 적재적소에 배치하여 섬기게 했습니다.

저의 주된 목회관은 돌봄사역입니다. 제게 목양의 정의를 어떻게 내릴 것인가 묻는다면, '목회적 돌봄'이라고 답합니다. 엄마가 아들의 눈빛만 봐도 아이의 마음을 알 수 있는 것처럼, 저도 성도들의 발걸음 소리만 들어도 현 상황을 미루어 짐작할 수 있습니다. 성령님께서 그들의 마음을 읽을 수 있는 은혜를 주셨기 때문입니다. 또 어머니의 마음으로 바라보기 때문입니다. 낮과 밤을 가리지 않고 제가 필요한 자리라면 언제든지 찾아가 돌볼 준비가 되어 있습니다.

지금까지 남성 위주의 사회에서 여성 목회를 해왔습니다. 그 과정이 결코 쉽지 않았습니다. 특히 한국사회에서 여성 목회자는 남성 목회자보다 열 배는 더 힘이 든다는 것을 피부로 느껴왔습니다. 한 예로, 전도를 받아 한 가족이 온 적이 있습니다. 그런데 전도 받은 분의 어머니가 제가 여자 목사라는 이유로 교회에 가는 것을 반대했습니다. 자기가 세상을 떠날 때 어떻게 여자 목사에게 임종예배를 받겠느냐며 말입니다. 그 당시만 해도 여자 목사라고 말하면 꺼리는 사람들이 꽤 있었습니다.

그래도 지금은 양성평등이다 뭐다 해서 많이 나아졌다고 생각합니다. 그런 일을 겪다 보니 제가 여자라는 사실을 개의치 않고 열심히 교회에 나와 예배드리고 섬기는 성도들이 너무도 귀하게 느껴졌습니다.

앞서 말했듯이, 저는 여성 목회자들을 위한 일종의 봉화주자로 부름을 받았음을 확신합니다.

미래 비전

저의 미래 비전은 예레미야 말씀입니다. 용사의 영을 받아서…(슥 9:13).

– 용사를 일으키라

성령께서 마지막 비전으로 감동을 주신 것은 용사들을 일으키라는 것입니다. 현재 저와 함께하는 학생들이 2,000여 명입니다. 그 학생들이 지금 훈련을 받고 있습니다. 전 세계로 나아갈 준비가 다 되어 있는 사람들입니다. 전 세계로 나아가 영혼을 살리는 일을 할 것입니다.

그레이스 실천사역 전문연구원 졸업식

- 힐링 치유 상담센터

그레이스 실천사역전문연구원에서 교육을 받고 나면, 이들이 교회를 하고 있든 하지 않고 있든 힐링 치유 상담센터를 개설하게 됩니다. 이곳에서 이 시대에 만연한 심리적 어려움을 겪고 있는 문제를 치유하는 사역을 하게 됩니다. 일대일로 열두 번을 만나 상담치유를 하는 것입니다. 현재 전국과 전 세계 60여 곳에 개소했는데, 교회가 급성장하고 있습니다. 이러한 상담사역은 한국의 작은 교회들을 성장시키고 도울 수 있는 하나의 방법이라고 저는 생각합니다. 그래서 제가 이 사역을 돕고 있습니다.

109기 영성테라피

– 힐링 수도원

힐링 수도원은 침묵 속에 금식하는 곳입니다.

힐링금식수도원 입당예배

— 착한 은행 선교교회

　금식기도를 하는 분들이 내는 헌금이나 후원금을 모아서 기금을 마련하는 중입니다. 그리고 정말 힘든 상황에 놓인 청년과 여성 목사님들에게 무이자로 빌려줄 것입니다. 구체적인 상환계획서를 제출하도록 할 것입니다. 예컨대 100만 원을 빌리면 10년 동안 매월 얼마씩 상환한다는 식으로 말입니다.

　제가 얼마 전 뉴스에서 아주 안타까운 소식을 접했습니다. 어느 취준생이 전화금융사기로 사기를 당하자 극단적 선택을 한 것입니다. 제 마음이 너무도 아팠습니다. 그까짓 돈이 뭐라고 새파란 청년의 생명까지 앗아갔을까요.

— 착한 밥집 선교교회

　착한 밥집 선교교회는 2021년 12월에 문을 열었습니다. 이곳에서는 청년들을 위한 사역을 하고 있습니다. 청년들이 교회로 안 들어오니까 교회 밖에 카페를 만든 것입니다. 즉 청년들의 놀이터로서 청년들이 와서 상담을 받고 치유받을 수 있는 상담 카페이기도 합니다. 지금까지 600명의 청년이 치유받았습니다.

　청년들을 살리기 위한 한 방법으로 청년집회를 열고, 또한 선배와의 만남의 장을 마련하고 있습니다. 공무원을 포함하여 각계각층에서 성공한 선배들이 그 분야에 관심이 있는 청년 12명씩을 담당하여 멘토링을 하는 것입니다.

착한 밥집

여름과 겨울, 일 년에 두 번씩 이 사역을 할 예정이며, 1박 2일 혹은 2박 3일간 밤샘 토론도 하게 할 것입니다. 이 집회는 일반집회와는 성격이나 차원이 다릅니다.

– 양평 힐링기도원(아카데미하우스)

2022년 8월 힐링기도원 개원예배를 드리고 매달 마지막 주 수요일부터 토요일까지 다양한 주제로 '양평돌파컨퍼런스' 집중 세미나를 진행하고 있습니다. 그러면 인천·천안·양평 세 곳에서 사역이 진행될 것입니다. 그 가운데 양평은 아카데미 하우스 스타일로 운영하여 한국교회의 목사님들이 와서 휴식도 취하고, 좋은 영의 양식도 공급받는 공간으로 만들 것입니다.

양평 힐링기도원

이외에도 대안 고등학교, 신학교, 노인 복지타운, 영성수련회장 등의 사역을 계획하고 추진하고 있습니다. 교회 안에 영성수련회장을 열었으며, 3만 평 되는 부지에 복지단지를 세울 생각으로 동네 이름을 '아름답고 행복한 마을'로 정했습니다. 이곳을 어린아이와 장애인과 노인 모두가 어울릴 수 있는 공간으로 만들 것입니다. 이를 위해 기도하고 있습니다.

 에필로그

저의 인생행로, 사역 여정은 마치 요셉의 찢긴 채색옷과 같았습니다. 늘 갈가리 찢기고, 부서진 후 축복을 만났기 때문입니다. 코딱지만 한 방에서 개척한 신정동 시대, 20평 지하실에서 승승장구하던 영등포 구청 시대, 부도라는 된서리를 맞았던 삼전동 시대, 건물매입 부채로 힘들던 오금동 시대, 그리고 인천 성전 시대, 양평 성전, 천안 성전에 이르기까지 매번 환난의 바람을 맞았고, 호되게 찢기고 부서지기를 반복했습니다. 그러나 그 과정을 거치고 나면 더 넓은 곳으로 인도하셨고, 제게 새 날개를 주셨습니다.

이제 저는 하나님의 영적 전사입니다. 저는 하나님의 전신갑주를 입고 날마다 영적 전투에 나섭니다. 그러나 두렵지 않습니다. 오직 예수 그리스도가 대장이시기 때문입니다.

하나님 말씀에 의지하여 머리에는 구원의 투구를 씁니다.
가슴에는 의의 흉배를 붙입니다.
허리에는 진리의 띠를 띱니다.
발에는 평안을 예비한 복음의 신발을 신습니다.

왼손에는 믿음의 방패를 잡았습니다.

오른손에는 성령의 검! 하나님의 말씀을 잡았습니다.

말씀에 의지하여 완전하게 무장했습니다. (영적 무장의 기도)

또 저와 같은 하나님의 전사들을 더 많이 모으는 일에 전력하고 있습니다. 이를 위해 세계를 품고, 세계를 선교지로 삼아 복음을 전합니다. 또 예수 그리스도를 믿지만 무력하게 주저앉아 있는 사람들을 일으켜 세웁니다. 기도를 잊은 사람들에게 기도의 불을 붙입니다. 영적 치유가 필요한 사람들을 인도하여 주의 치유의 손길에 닿게 합니다. 사실 이 일들은 제가 하는 것이 아닙니다. 저를 통해 주가 하시는 것입니다.

저는 이미 주께 드려진 몸입니다. 주께서 말씀하시면 무엇이나 받아들이고 순종하겠습니다. 끝으로 저는 이 나라를 위해 이렇게 선포합니다.

내가 나사렛 예수 그리스도의 이름으로 명하노니

대한민국은 거룩한 제사장의 나라로 거듭날지어다!

대한민국은 복음을 온 세상에 전하는 선교의 나라가 될지어다!

대한민국은 모든 가난하고 불쌍한 자들의 천국으로 변화될지어다!

대한민국의 번영을 방해하는 모든 악한 세력은 파쇄될지어다!

대한민국의 모든 이념, 지역, 계층 간의 갈등은 파쇄될지어다!

대한민국의 모든 분열과 싸움은 파쇄될지어다!

대한민국은 한 마음 한 뜻으로 하나님을 섬기게 될지어다!

네가 가라, 네가 해라

1판 1쇄 인쇄 _ 2023년 8월 18일
1판 1쇄 발행 _ 2023년 8월 28일

지은이 _ 김록이
펴낸이 _ 이형규
펴낸곳 _ 쿰란출판사

주소 _ 서울특별시 종로구 이화장길 6
편집부 _ 745-1007, 745-1301~2, 743-1300
영업부 _ 747-1004, FAX 745-8490
본사평생전화번호 _ 0502-756-1004
홈페이지 _ http://www.qumran.co.kr
E-mail _ qrbooks@daum.net / qrbooks@gmail.com
한글인터넷주소 _ 쿰란, 쿰란출판사
페이스북 _ www.facebook.com/qumranpeople
인스타그램 _ www.instagram.com/qrbooks
등록 _ 제1-670호(1988.2.27)
책임교열 _ 박은아·신영미

© 김록이 2023 ISBN 979-11-6143-847-4 03230

책값은 뒤표지에 있습니다.
이 출판물은 저작권법에 의해 보호를 받는 저작물이므로 무단 복제할 수 없습니다.
파본(破本)은 구입처에서 교환해 드립니다.